西藏文物札记

程忠红 著

国际文化出版公司
·北京·

图书在版编目（CIP）数据

　　西藏文物札记／程忠红著．－－北京：国际文化出版公司，2018.12
　　ISBN 978-7-5125-1098-2

　　Ⅰ．①西　Ⅱ．①程　Ⅲ．①博物馆－文物－介绍－西藏　Ⅳ．①K872.75

　　中国版本图书馆CIP数据核字(2018)第278065号

西藏文物札记

作　　者	程忠红
责任编辑	潘建农
策划编辑	贾学霄　李梦雪
装帧设计	丁鍈煜　格桑朗杰
出版发行	国际文化出版公司
经　　销	全国新华书店
印　　刷	文畅阁印刷有限公司
开　　本	880毫米×1230毫米　16开 14.5印张　206千字
版　　次	2018年12月第1版 2018年12月第1次印刷
书　　号	ISBN 978-7-5125-1098-2
定　　价	58.00元

国际文化出版公司
北京朝阳区东土城路乙9号　　邮编：100013
总编室：（010）64271551　　传真：（010）64271578
销售热线：（010）64271187
传真：（010）64271187-800
E-mail：icpc@95777.sina.net
http://www.sinoread.com

前 言

对于任何一个民族来说，文物既承载着本民族的灿烂与文明，又传承着本民族最为优秀的传统文化，是民族延续的历史根脉。同时，文物是历史与文化的沉淀，在明史、鉴史、补史中起着不可替代的作用。文物存在的最终价值是被深入解读，通过解读，让人们感受人与人、人与物、人与自然的各种关系，明晰本民族的文化发展历程、文化发展成就，从而更好地开创文化发展的未来。因此，客观地、广泛地、深度地解读文物，是开启人类文化与历史奥秘的一把金钥匙。

藏民族在人类历史的长河中创造了辉煌灿烂而又浩瀚如海的古代文明，留存着丰富的历史文化遗物，是完整的一脉文化体，是中华民族多元文化的重要组成部分，也是世界文化的瑰宝，为人类文化宝库留下了丰厚的遗产。对很多人而言，高山的跋涉与路途的遥远使西藏蒙上了一层或沉寂于世或遥不可及的神秘面纱，这里的一切都是天边文化。

读文物，知古今。为集中展示西藏丰富的历史文化资源，为读者提供一个了解西藏历史与文化的平台，时值西藏博物馆改扩建之际，作者特精选了西藏各文物部门136件套（西藏博物馆120件套，拉萨布达拉宫14件套，拉萨罗布林卡1件，日喀则萨迦寺1件）特色藏品，其中文物等级涉及特级文物、一级文物、孤品文物、精品文物、代表性文物，以西藏历史与文化发展为脉络，对文物形成的历史背景、历史故事、社会环境、生活环境、民族习俗、民族特点等进行了综合、详尽、深度的解读与分析。按照所选文物的类别与特色分为8个篇章，各章节既独立成篇又相互补充。这些精选文物集中反映了西藏社会历史、文化、宗教等各层次、各阶段的演变与发展,包括纵跨几千年各时期的历史遗物,如反映西藏史前生产力发展的孤品文物双体陶罐,反映西藏地方史及西藏地方与中央关系史的元代"萨"字玉印、明代如来大宝法王印、始于清代用于甄选藏传佛教活佛转世的金奔巴瓶等珍贵文物;包括反映西藏佩戴习俗、生活习俗及生活禁忌等民俗文化的西藏各时期、各地区的各种服饰、配饰、生活用具等;包括蜚声海内外不同绘画流派、不同时期、不同工艺、不同题材的唐卡,如西藏人类起源图唐卡、著名历史人物唐卡、天文历算唐卡、藏医学唐卡、祈福图唐卡以及缂丝、刺绣、贴花等不同工艺的唐卡;包括妙相庄严的不同时期、不同风格、不同工艺、不同题材的佛教造像,如北魏时期的金铜造像、尼泊尔帕拉风格造像、西藏本土造像、永乐款金铜造像等;包括神秘的藏传佛教密宗法器;包括体现汉藏民族文化交流的瓷器、玉器;包括中国古旧图书代表性珍贵典籍善本,如11世纪的贝叶经、用珍宝书写的藏文经书、永乐首版印刷的朱砂藏文大藏经《甘珠尔》等。

为了充分顾及现代读者的读书需要,作者精心挑选了180余幅文物图片,配合简约的版式和凝练的文字,使文因图而增辉,图因文而溢彩,图文并茂,力图构造出一部鲜活耐读的西藏文物史,通过西藏文物精品架起读者多角度、深层次了解西藏风貌、认知西藏文史、领略西藏文化的桥梁。

本书在写作过程中作者一直秉承着严谨、细致、科学的学术态度,但由于作者水平有限,书中难免存有纰漏之处,希望学界前辈、同行和广大读者对此多提出宝贵意见。

目录 Contents

目 录

第一章 历史

双体陶罐 03
阿里日土县岩画 05
《萨迦班智达公哥监藏致蕃人书》 08
"萨"字印 10
帝师贡噶坚赞贝桑布给夏鲁寺各拉德的法旨 13
如来大宝法王印 16
朵儿只唱图记 18
金奔巴瓶 21
五世达赖喇嘛金印 23
乾隆御笔写寿娑罗树并赞图 26
西藏达赖驻重庆办事处印 29
毛主席写给十四世达赖喇嘛的一封信 31

第二章 民俗

贵族妇女服饰 35
宝饰装 38
噶厦政府官服 40

目录

僧服　　　　　　　　　　　　　43
珍珠冠　　　　　　　　　　　　45
珊瑚帽顶　　　　　　　　　　　47
巴珠　　　　　　　　　　　　　50
珊瑚翡翠朝珠　　　　　　　　　51
金质嵌宝石嘎乌　　　　　　　　53
糌粑盒　　　　　　　　　　　　55
鎏金铜镂空碗套　　　　　　　　57
陶质雪鸡形酒壶　　　　　　　　59
木质酥油茶桶　　　　　　　　　61
鼻烟壶　　　　　　　　　　　　63
火镰　　　　　　　　　　　　　65
藏刀　　　　　　　　　　　　　67

第三章　唐卡

十一面千手千眼观音量度图唐卡　　73
人类起源图唐卡　　　　　　　　75
多吉丹佛塔唐卡　　　　　　　　78
大威德金刚唐卡　　　　　　　　80
时轮坛城图唐卡　　　　　　　　82
天体星球运行图唐卡　　　　　　84
人体胚胎形成图唐卡　　　　　　86
白度母堆绣唐卡　　　　　　　　88
不动明王缂丝唐卡　　　　　　　90
红阎摩敌绢唐卡　　　　　　　　92
朗久旺丹刺绣唐卡　　　　　　　95
空行母像堆绣唐卡　　　　　　　97

第四章　造像

铜鎏金释迦牟尼佛像　　　　　　101
合金无量寿佛像　　　　　　　　103
合金弥勒菩萨像　　　　　　　　105

铜鎏金释迦牟尼佛像	108
铜鎏金班丹拉姆像	110
铜鎏金八瓣莲花密集金刚像	113
合金不动如来像	115
合金四臂大黑天像	118
铜鎏金绿度母像	120
铜鎏金米拉日巴上师像	122
脱模泥塑密集金刚像	125
汉白玉卧佛像	127
石刻莲花生大师像	129
金刚亥母像	131

第五章　法器

银质镂空香炉	135
金质嵌宝石净水瓶	137
玉质达玛如鼓	139
经夹板	141
鎏金佛塔	144
银质鎏金錾花象牙柄转经筒	146
曼扎	148
金质颅内供器	150
银质嵌宝石胫骨号	152
白海螺	154
合金金刚铃杵	156

第六章　瓷器

釉里红缠枝牡丹纹执壶	161
白釉锥刻缠枝花纹僧帽壶	163
青花缠枝莲托八宝纹高足碗	166
青花缠枝山茶纹碗	168
黄釉碗	171
青花五彩龙凤纹盘	173

目录

  虎皮三彩多穆壶 175
  五彩西厢记故事图棒槌瓶 177
  斗彩缠枝莲纹瓶 179
  粉彩八吉祥纹贲巴壶 181

第七章 玉器
  鹰熊纹合卺杯 187
  兽面纹双螭耳青白玉簋 189
  青白玉托杯 191
  青白玉桃形杯 194
  兽面纹碧玉长方鼎 196
  描金百寿纹碧玉如意 198

第八章 文献典籍和文房用品
  梵文贝叶《八千颂般若波罗蜜多经》 203
  金汁书写典籍《时轮根本续》 205
  永乐版《甘珠尔》大藏经 207
  《青史》 210
  桑布扎 212
  《四部医典》 214
  《菩提道炬论》 216
  藏纸 219
  强新 221
  竹笔和墨瓶 223

第一章

历史

双体陶罐

双体陶罐（距今 5000~4500 年）

图 1. 双体陶罐

图 2. 双体陶罐线描图

图 1 双体陶罐，出土于西藏昌都地区的卡若遗址，距今有 4500~5000 年的历史，现藏于西藏博物馆。卡若遗址地处两河交界处，东靠澜沧江，南临卡若河，北依子隆拉山，西面为一片平地。1978~1979 年由西藏自治区文物管理委员会与四川大学共同发掘，这也是西藏境内首次发掘的规模较大的新石器时代晚期遗址。遗址总面积达 1 万多平方米，出土遗物主要有石器、陶器、骨器三大类，《西藏昌都卡若遗址试掘简报》将其中出土陶器的器型分为罐、盆、碗三种。

考古学家根据卡若遗址文化层的堆积厚度，将该遗存分为早、晚两期三段。图 1 双体陶罐属于早期原始农耕经济为主的陶器遗物，黄色夹砂材质，器型犹如雄、雌两兽对卧，古朴生动。器身用朱墨两色彩绘，其线条刻画流畅、圆浑、精美，是出土陶器中可复原或基本复原 46 件中独一无二的遗址孤品。陶罐口径 11.3 厘米，底径 8.4 厘米，高 19 厘米，侈口呈喇叭状，直颈，对称的鼓腹双体中间相连，下腹壁向内曲收为对称的两个圈足。器型的颈部和肩部各有一对带孔器钮，巧妙地把动物的耳与尾表现出来，这应该是为方便穿绳携带之用。陶罐的双体有多种纹饰，一体为双勾菱形纹，在菱形纹内外均施彩；一体为双勾三角折线纹，只在折线纹外施彩，在颈部和肩部还饰有带纹，这些图案是藏族先民们对自然界最初的认知和感悟，也是源于青藏高原的质朴审美观。在雪山、草原、森林等自然环境的熏习中，藏族人民从远古起就具有了传统的审美情趣，其陶器上的三角形、折线纹、菱形纹等，也反映出先民们对山石的膜拜。

整件器物，优美的造型，巧妙的构思，娴熟的工艺，均体现出与同时期其他遗址出土陶器与众不同的特点，它代表了当时卡若文化的最高制陶水平，被誉为西藏新石器时代陶器的代表和点睛之作。卡若文化的陶器特点和器形很大程度上与马家窑系统文化相类似，彩陶被认为是黄河流域氏羌系统原始文化的主要特征，而卡若遗址中也发现了彩陶，其制作与风格和马家窑类型的彩陶相似。卡若遗址中还出现了人工栽培作物粟，显然也与马家窑文化的传播有关。此外，卡若文化与横断山脉地区乃至长江流域的原始文化也存在一定联系。[1]

侯石柱先生从卡若遗址发掘出土的一座近 70 平方米的大房子中分析，当时的卡若人已处于"夫从妻居"的对偶居住形式的家庭，其社会组织可能处于原始母系氏族社会阶段。从出土遗物所呈现出的文化面貌看，当时的卡若正处于原始农业向畜牧经济的转化阶段。也或许，此时的卡若正处于母系氏族向父系氏族过渡的时期。此外，卡若遗址出土的陶器以罐、盆、钵为基本器型，均为小平底，不见三足器和圈足器，这也体现了卡若文化的地域特色。但是，无论史前陶器的形体如何千变万化，持续的鼓腹造型在一定文化上暗示着母体崇拜的信仰涵义，双体陶罐的浑圆、中空的特点象征了宇宙的母体，也是远古巫术祈育的重要实践。[2] 双体陶罐的器型与装饰和同遗址同时期出土的陶器相比，表现出诸多的不同之处，正如考古学家分析的那样，新石器时

1.《西藏石器时代的考古发现对认识西藏远古文明的价值》，石硕，《中国藏学》1992年第 1 期。

2.《史前陶器造型与母体崇拜》，田晓膺，《艺术与设计（理论）》2013 年第 6 期。

代人类生产水平低下，人们不大可能花费大量人力制造那些造型和工艺都较为复杂的非实用器，因而推测双体陶罐绝非一件普通生活用具，很有可能是在当时氏族部落举行重大庆典活动时使用的礼器。另外，在卡若遗址发掘中，还出土了两处圆石台，一处直径1.5米，高0.25米；另一处直径为2米，高0.23米，都是用砾石筑成，估计可能是用于祭祀活动的遗迹。[3]

霍巍在《昌都卡若：西藏史前社会研究的新起点》一文中说："昌都卡若遗址的科学考古发掘，是西藏历史上一件具有划时代意义的重大事件，它从此奠定了西藏原始社会研究新的起点，揭开了以真实可信的实物资料来重新'书写'西藏远古历史的新篇章。"

阿里日土县岩画（距今2500~2300年）

图1. 阿里日土县部落迁徙岩画线描图　　图2. 阿里日土县任姆栋豹追鹿岩画

日土县地处古代"象雄"部落势力范围的中心区，曾一度与地处西藏腹心地带的吐蕃部落形成鼎立之势。古代象雄是西藏早期原始宗教苯教的重要

3.《卡若人从黄河走来》，侯石柱，《光明日报》2000年10月13日第C04版。

起源地之一。

图 1 部落迁徙岩画，岩画场面宏大，在 3 米 ×5 米的范围内琢刻而成。画面中有行进的列队，剪影式造型呈侧视行走状，有穿插的太阳符号、有着意刻画的公鹿等，都可能与早期的自然崇拜有关。

画面中人物图像共 112 个。在画面右侧，特别突出的是一位身形怪异、头(身)披插有羽饰、手持圆鼓的人物，这应该是苯教巫师或体现自然崇拜(如生殖崇拜、动物崇拜等)观念的某些神灵。在这一具有萨满性质的早期宗教中，巫师或苯教神灵地位极高，从整幅画面的个性表现中，可以彰显其特殊的地位与作用。画面上方还有一类神格化的人物，体形大于一般人物，亦人亦兽，性器尤为凸显、或将性器延伸为长线，这些人物在岩画的人物造形中也显得十分突出。画面中动物的刻画则以鹿居多，在苯教中鹿是具有神性的动物，传说苯教巫师可以骑鹿升天。同时，早期苯教亦具有"万物有灵"的原始宗教内涵，据苯教典籍记载，凡日月、山川、岩石、江湖等，均为神灵所在。纵观整幅岩画可以看出，画中的每一个形象都是早期苯教向当时原始民众生活进行渗透的反映。

此幅部落迁徙画面人物、动物、符号、用具等图像集中反映了西藏原始宗教文化背景下的部落生活情景，是迄今研究西藏早期苯教最直观、最形象的资料。

图 2 豹追鹿岩画，兽逐图是西藏晚期岩画中十分常见的主题，即前面为一食草兽(羊、马、鹿等)，后面为一只食肉兽(虎、豹、鹰、狼等)，构成一幅追逐或撕杀的场面。本幅岩画所表现的主题是最为典型的豹追鹿图。许多学者都对其进行了分析，普遍的观点表明，这类图案反映的是原始思维下的二元对立论。这又是一幅带有典型斯基泰艺术风格的兽逐图，即动物的

蹄部和关节部位刻画得都很细致，足尖朝下，被称为"空中悬浮状"，动物的眼睛绘制成句点状，鹿回首张望。同时由于阿里日土县是古代西藏通往中亚草原的主要通道，所以其岩画带有浓郁的中亚草原艺术风格。

在日土的这幅岩画上刻画了 5 只牡鹿、3 只豹子、2 只鹰和 1 只羚羊，其中还有一个"田"型符号。整幅画面的形象紧凑，造型生动，呈分散性构图，具有很强的叙事效果，从画面中的动物形象上看，食肉类的豹正处于紧张的狂奔状态中，简练的线条下蕴含着张力，将豹捕食的兴奋状态描绘得极为生动。画面中，豹和鹿的刻画线条运用纯熟，动物的眼睛、蹄、关节、角等细部表现准确自如，显示出制作者敏锐的观察力与准确的记忆力。两只展翅飞鹰，以单个形象分开出现在画面上，同属食肉类动物，此画中并未将鹰追逐猎物的状态表现出来，主要突出鹰的象征意义，在苯教里，鹰是战神的象征，因此鹰这种动物在岩画中代表着被肯定的积极的因素。而牡鹿、羚羊都属食草类动物，画面将牡鹿回首张望的动作凝固下来，正好捕捉下了鹿在逃生中惊惶的瞬间，在整幅图画中牡鹿和羚羊都处于被袭击的地位，代表着被否定的消极的因素。图案型造像与符号型造像虽然都隐藏着更深层的意义，但图案型与符号型相比显得更加直观，内容较为明确，是用图解的方式对苯教中的某些教义或观点进行阐释。

日土豹追鹿岩画最引人注意的是，动物身上绘有一些既能表现躯干骨骼意味又具有装饰特色的纹饰，如豹的身上绘有竖道，鹿的身上绘有横向 S 型或多层螺旋纹饰，既有写实意图，更富于装饰效果，体现出一种优美而华丽的风采，在中国古代岩画中别具一格。

《萨迦班智达公哥监藏致蕃人书》（17世纪）

萨迦班智达·贡噶坚赞，是藏传佛教萨迦派首领萨迦五祖中的第四祖，被誉为雪域三大文殊化身之一，以学富五明而被称作班智达，简称"萨迦班智达"。

1216年，35岁的萨迦班智达继承萨迦寺座主时，西藏佛教各宗派势力正处于各据一方、相互争雄的局面，西藏分裂割据的政治势力所面临的共同局势是：伊斯兰文化的靠近和蒙古势力在中原的迅速崛起与领土的不断开拓。1227年西夏王朝的彻底灭亡，带给西藏各政治首脑们以巨大的震动，尤其是与西夏王朝有密切关系的萨迦派首领，更是深刻地意识到，顺应历史潮流，归附蒙古已是大势所趋。1240年，蒙古将领多达纳波奉命率军入藏，重创了距离拉萨不远的热振寺，这次试探性的军事进攻，迫使西藏各宗派势力不得不联合起来共议对策。为决定西藏今后的走向，宗教声誉较高、富于政治经验的萨迦班智达被推选为前去与蒙古接触的代表。

鉴于西藏的实际情况，蒙古统治者想通过宗教实现统治西藏的目的。多达纳波进军西藏后向阔端报告："僧伽团体以甘丹派为大，善顾情面以达隆法王为智，荣誉德望以止贡敬安大师为尊，通晓佛法以萨迦班智达为精。"(《西藏王臣史》) 1244 年，蒙古王子阔端经过多方调查与权衡，决定邀请萨迦第四代法王萨迦班智达赴凉州 (今甘肃武威)，商谈西藏各部归附事宜。

突破藏传佛教各派教主不离开西藏的惯例，需要无畏的政治勇气和可贵的献身精神，萨迦班智达是明哲之人，面对质疑和劝阻依然决定前去。经过两年的艰辛跋涉，萨迦班智达于 1246 年抵达凉州，在凉州与各方人士的接触和见闻，深化了萨迦班智达对天下大势的思考和理解，坚定了他"福祸均无悔意"、归附蒙古汗国的决心。

1247 年，萨迦班智达与阔端在凉州举行了具有历史意义的会晤，史称"凉州会晤"，此次会晤避免了蒙古对西藏进行大规模军事征伐的可能，奠定了此后西藏辖于元代中央、纳入中国版图的政治基础。此间，萨迦班智达撰写了著名的《萨迦班智达公哥监藏致蕃人书》，它被完整地保存在了《萨迦世系史》一书中。书信对当时的政治局势和西藏的应对措施进行了精辟阐述，反复晓谕归附蒙古王帐的益处。主要内容包括：（1）他亲赴凉州是为了"弘扬佛教、体念众生"的目的以及蒙古皇子阔端对他的殊深敬意；（2）列举大量事实，说明归顺蒙古是大势所趋，劝告西藏各地方势力要审时度势，权衡利害，顺应潮流，不要抱其他侥幸之想；（3）向西藏各僧俗势力宣布西藏已归顺蒙古，阔端已委派萨迦管理西藏，遵行功令、归顺官员可继续供职；（4）开列了上呈蒙古王室的贡物名单，以金银、象牙、珍珠、银朱、虎皮、蕃呢等物为最佳。

萨迦班智达在凉州的 8 年时间里，蒙古没有向西藏地方进兵，西藏地方得到了安宁，所以在今天看来，萨迦班智达是为西藏地方和祖国统一事业做出历史性贡献的一位藏传佛教人士。萨迦班智达于藏历第四饶迥铁猪年（1251

年）九月八日圆寂于凉州，享年70岁。

上图为1629年萨迦寺法台阿旺·贡嘎索南所著的《萨迦世系史》手写本，长52厘米，宽7.7厘米，现藏于西藏博物馆。写本中收录了《萨迦班智达公哥监藏致蕃人书》，这封萨迦班智达在13世纪40年代写给西藏僧俗首领的公开信，是推动西藏上层与蒙古王室建立联系的第一份重要文献，更为重要的是，这封信也表明西藏地方与蒙古汗国在当时形成了政治上的领属关系，是说明后来西藏地方成为元代中央所辖行政区域的重要政治文献。

"萨"字印（元代）

图1. 玉质"萨"字印 　　　　图2. 象牙"萨"字印

"萨"字印是元代西藏萨迦地方官员的一种印章形式。其中图1玉质"萨"字印，是元世祖忽必烈于1260年授予萨迦派宗教领袖八思巴的无台螭纽图文合璧形青白玉印章，印章通高6厘米，边长6.5厘米，印文为藏文和八思巴文；图2象牙"萨"字印，是忽必烈于1282年授予第三任帝师达玛巴拉的印章，印面高1.3厘米，边长6厘米，印文中将藏文"萨"字置一龛形图案中，龛外满饰云气纹，云气之中刻有象征佛教威严、财宝和圆满的"三宝"及日、月图案。

该两枚印章现收藏于西藏博物馆。

历代官印，各有制度，不仅名称不同，形状、大小、印文、纽式、材质也有差异。在《元典章》中对印章的台式和印面大小均有明确规定，元代一二品官印有台，三品及以下无台。在材质方面，只有皇帝和诸王才能用玉印和金印，正一品至正三品官员或衙门用银印，从三品以下官员及衙门用铜印。印面的大小通常是可以体现官职高低的，如："统领释教大元国师印""帝师印""白兰王印"等地位身份尊崇的人，印面达到11厘米左右，地方行政长官万户、千户、百户印也是按地位等级的高低由大到小，即8、7、6厘米不等。

吐蕃时期西藏印章的印文主要为藏文，元代时为了规范印章使用，特设"铸印局"，所制作的官印印文有藏文、汉文、梵文、八思巴文等。印章中有的镌刻单种印文，也有两种甚至多种印文合刻的现象。崔爽在其硕士论文中提到：收集到元代官印250方，其中216方为八思巴文官印，汉文官印只有34方。八思巴字为公元13世纪60年代忽必烈命国师八思巴为蒙古汗国创造的文字，该文字于1269年颁诏推行全国，八思巴字在官印上的应用是其作为国书的主要用途之一。八思巴字为拼音文字，有41个字母，其字序为自上而下书写，其行序为从左至右，字体分为楷体、篆体、藏文体。八思巴文印均为阳刻篆书，汉字官印也以篆书为主。[4]

图文合璧印是藏族传统的治印形式，此类印章，除印文外，常饰以具有特定宗教内涵和吉祥象征的图案，特色是美观大方、装饰性强。流传中其内容和形式越趋丰富、深厚，如十世班禅大师常用的图文合璧治印，方形，中央为十相自在（梵文"郎久旺丹"）图案，左右立写梵文，加上厚重的边框，可谓肃穆端庄，同时又具有深厚的宗教内涵。藏族高僧、大德、显贵喜用图文皆具的印章，印治额下常用的图形有八瑞图、七政宝、祥麟法论、六长寿图、五妙欲、

4.《元代官印的初步研究》，崔爽，内蒙古大学2014年硕士论文。

日月图、太极图、金刚杵、雍仲符号、寿字等，这种以抽象图案为饰的变体印，历史上在藏地十分盛行，后融入佛教题材的典型纹样而演化成肖形印。

图1玉质"萨"字印和图2象牙"萨"字印印文中都印有三个圈符，在古梵文字符中，有一圈（O）、两圈（OO）、三圈（°°°）乃至十圈，义为土地和土地上的人众、谷粮、草木、鸟兽等宝物。[5]最早接受这种供奉的人是备受众人爱戴和尊敬的古印度众敬王。受供人地位越高，越受尊重，则圈越多，在古印度只有阿育王一人获得过最多圈的供奉，即十圈。这种圈符本身没有读音，但是在圈符下加上受供人名字或能代表受供人的字就形成了特指受供人字的音，如图1玉质"萨"字印章，印面左边刻有用八思巴文拼写的八思巴法名"罗追坚赞"四个字，右下方是藏文字母"萨"，萨字上方刻有三个宝塔式的古梵文字圈符，印面中的藏文字母"萨"字是萨迦的简称，即代表了受供者为西藏藏传佛教萨迦派第五祖八思巴。据《续藏史鉴》记载：忽必烈于宋理宗景定元年(1260年)三月，即位于开平(今多伦县)，同年十二月在燕京(今北京)近郊，八思巴为其灌喜金刚顶，忽必烈将西藏13个万户区封赐八思巴，赠予其他礼品，并授以玉印。忽必烈授予八思巴的玉印，就是图1玉质"萨"字印章。

图1玉质"萨"字印章中的三圈（°°°）圈符，从供奉物上讲，代表了忽必烈对八思巴供奉的三区，即卫藏、多堆、多麦；从三圈的造型图案上来理解，它又可以代表佛教中"三宝"。三圈（°°°）圈符下面的藏文字母"萨"字既可以解释为萨迦的简语又可以解释为藏文"大地"的简语，整枚印章的印文所表达的是忽必烈供奉给萨迦派八思巴的三区大地宝物。

5.《萨（ས）字古玉印印文释义》，黄显铭，《西藏研究》1987年第4期。

帝师贡噶坚赞贝桑布给夏鲁寺各拉德的法旨（1336 年）

《辞海》中解释："帝师，僧官名。意为'皇帝之师'。"有关帝师制度初创时间学界有着不同的观点，有学者认为帝师作为一种官职制度是儒家"王者必有师"治国思想的体现，早在春秋战国时期就已形成；陈庆英、史金波等藏学研究者则认为西夏王朝中后期开始出现以佛教高僧担任国师，元朝蒙哥汗在位时开始设置国师，忽必烈在位时设置了帝师制度。无论帝师制度初创于何时，元朝统治时期先后册封的14任帝师全部出自西藏萨迦派的高僧或者与萨迦派有密切关系的高僧之中，这一独具现象却是史无前例的。

帝师的主要职责是给皇帝传授佛戒，举行灌顶等宗教仪式，作为皇帝佛教上的老师还要带领僧众做佛事，为皇帝及其家族祝延圣寿，禳灾祛难，祈祷国泰民安。元朝帝师的另一职责是主管宣政院（宣政院是元朝中央政权四大机构之一，其职责是管理藏区事务和全国宗教事务）事务，其中所管理的藏区事务包括藏区的行政事务和宗教事务，正是这种既是宗教领袖又兼理世俗政务的职责开创了西藏政教合一制度。尽管帝师不能直接处理西藏事务，但他对元朝在西藏设立的萨迦本钦、都元帅、招讨、转运、达鲁花赤、万户、千户等官吏都有荐举权，依然可以影响西藏地方萨迦政权。

法旨指一代宗师对本门信徒就其教门事务或祈祷活动所作的指示，最初所能见到的是道教的法旨，元朝颁布法旨的权力是从八思巴受封为国师时开始的。元世祖忽必烈即位之后，尊崇佛教，从师受戒，尊西藏萨迦教派领袖八思巴为帝师(1260年封国师，1270年升号帝师)，元代法旨具有与圣旨、懿旨、令旨等同等的权威和法律效力，是由元代帝师所独具的特殊政治地位决定的。"帝师之命与诏敕并行于西土"，这就是元代帝师法旨得以与皇室各类旨书共同具有法律权威的由来。《中国西藏地方历史资料选辑》（藏文）241~252页收入了8篇帝师法旨，其中有7篇为元朝帝师赐给夏鲁寺的法旨。

《帝师贡噶坚赞贝桑布给夏鲁寺各拉德的法旨》，长158厘米，宽61厘米，现藏于西藏博物馆，法旨的颁发者是元朝14任帝师中的第十二任帝师贡噶坚赞贝桑布，在藏历第六饶迥火鼠年（1336年）赐给夏鲁寺的，法旨内容大意是要求西藏所有人等不得夺占收取夏鲁寺两个"加措"地方的各个拉德，以确保夏鲁寺能够正常地开展祝寿活动，反对帝师，就是反对皇帝，朝廷就要派兵征讨。据《萨迦世系史》的记载，贡噶坚赞贝桑布生于1310年，幼时在萨迦寺学习佛教，元朝廷封他为靖国公、国师，赐金印。21岁时（1331年）元朝廷遣金字使者来藏，恭迎贡噶坚赞贝桑布前往大都担任帝师。他任帝师27年，于阳土狗年（1358年）在大都梅朵热哇去世，享年48岁。贡噶坚赞贝桑布任帝师期间，正是元朝的统治急剧衰落，萨迦政权在西藏地位也迅速下降的时期。以降曲坚赞为代表的帕竹势力日益崛起，这时萨迦派各拉章（活佛大师）之间、本钦之间也出现了内部纷争。而此时的元朝无力发兵支持萨迦派，元顺帝时也只能封帕竹万户长降曲坚赞为大司徒，默认了帕竹对西藏大部分地区的控制。该法旨正是在这样的历史背景下发出的。

此外，从这份法旨中我们一方面可以看出当时夏鲁寺与萨迦昆氏家族、萨迦派的特殊关系；另一方面我们可以从中看出元朝西藏地方"拉德"的性质。"拉德"在《藏汉大辞典》中解释为"寺庙部众，旧社会由各寺庙领主所管百姓"。这种佛教寺院直接管辖百姓的制度，发端于吐蕃王朝第三十八代赞普赤松德赞以平民供养僧人的规定，这种规定在西藏佛教后弘期已普遍实行。元朝统一西藏借助于八思巴等佛教领袖的协助，更以政府的力量确认了这一制度。《汉藏史集》中载"按照规定建立的万户，都要划出6个千户作为寺庙部众"。这也就使得元朝时期西藏佛教寺院占有的人口达到总人口的一半以上。结合这份法旨来看，拉德是专门为佛教寺院和僧人提供供养和劳役的人口，以保证佛教寺院为皇帝祝延圣寿、从事宗教活动的顺利开展，拉德不受元朝地方官员和世俗领主的管辖，不向政府承担赋税，他们与寺院原有的隶属关系得到元朝政府和帝师保护，因而更加稳固。"拉德"制度一方面保证了西藏寺院领主的地位和权势；另一方面又使元朝的统治得到这些宗教首领的拥护和支持，因此它成为元朝西藏地方确立政教合一制度的牢固基础。[6]

如来大宝法王印（1407 年）

图 1. 如来大宝法王印　　　　　　　图 2. 如来大宝法王印印文

如来大宝法王印通高 8.3 厘米，边长 12.8 厘米，厚 3.5 厘米。印文为九叠体篆书"如来大宝法王之印"八字。该玉印光洁质白，双龙盘钮，无论其质地及造型，皆可称玉印中之上品，现藏于西藏博物馆。该印是永乐五年（1407年），明成祖册封藏传佛教噶玛噶举派黑帽系第五世活佛（噶玛巴）"大宝法王"封号时所赐。（噶玛巴在《明史》等文献中也译成"哈利玛"）

噶玛噶举派黑帽系的创始人都松钦巴（1110~1193 年）于公元 1147 年在西藏噶玛地方修建了噶玛丹萨寺，噶玛噶举派即由此而得名。噶玛巴，是藏传佛教噶玛噶举派黑帽系继承人的称谓。活佛转世制度是该派的独创，以后为其他宗派所效仿，逐渐形成藏传佛教有着完整宗教仪轨和体例的活佛转世制度，这一解决宗教首领继承人选择问题的制度在藏传佛教史上有很大的影响。

6.《夏鲁的元代帝师法旨》，陈庆英，《西藏民族学院学报》1988 年第 4 期。

明朝时期为加强对西藏地方的控制，对藏传佛教各宗派采取了"多封众建"的政策，对各宗派的领袖人物广为赐封。明朝建立伊始，第四世噶玛巴乳必多吉就派人到南京，向明太祖朱元璋献礼庆贺，并参加了朱元璋建立新朝的典礼。这说明明成祖朱棣为燕王时已知西藏有噶玛巴活佛，史书记载，"有僧哈立玛者，国人以其有道术，称之为尚师"。于是，朱棣皇帝继位当年即派人带诏书进藏约请第五世活佛噶玛巴，公元1406年，噶玛巴一行随同宦官侯显、僧智光从楚布寺出发，经过六个多月的长途跋涉抵达南京，受到万名僧俗的盛大欢迎。据《历代噶玛巴传》记载，"欢迎队伍中还有一头白象、三头挂着金银饰品的大象以及三百头披红挂绿的大象仪仗队"，明廷之所以差遣大象仪仗队迎接噶玛巴，并给予最高的礼遇，是因为第五世噶玛巴是第一位到明朝廷接受中央政府封赐的藏传佛教宗派首领，是西藏地方政教势力集团的代表。后来史实也证明，第五世噶玛巴也是带动藏族地区其他宗派僧侣及地方势力集团相继投向明中央政权的有功之臣。

在南京期间，第五世噶玛巴率领僧众在南京灵谷寺设普度大斋，为已故的明太祖朱元璋及皇后"荐福"，还多次为明太祖及皇后施与红观音、金刚吉罗耶、密乘大教王、弥勒菩萨、救度母、毗卢遮那佛、药师佛和千眼佛之灌顶。期间第五世噶玛巴对金刚乘教义进行了完美的宣释，永乐帝朱棣甚为高兴，多次赐宴和赏赍。永乐五年（1407年），朱棣赐给第五世噶玛巴"如来"名号，封他为"万行具足十方最胜圆觉妙智慧善普应佑国演教如来大宝法王西天大善自在佛"（简称为"大宝法王"），并赏赐印诰及金、银、钞、彩币、金珠袭装、金银器皿、鞍马等大量物品。

大宝法王最早是元朝皇帝忽必烈封给藏传佛教萨迦派首领八思巴的封号，是藏传佛教领袖人物中的最高封号，明朝之所以把这个封号封给了噶玛噶举派黑帽系，是因为当时噶玛噶举派在西藏的势力正逐步扩大，实力已经远远超过了萨迦派。

（噶玛巴）活佛转世系统，自创始人都松钦巴至现在的乌金赤列多吉共传有17代。历代（噶玛巴）活佛与中央政府的关系一直非常密切，他们和历代中央政府都有过直接或间接的联系。

朵儿只唱图记（1587年）

图1. 朵儿只唱图记　　　图2. 朵儿只唱图记印台　　　图3. 朵儿只唱图记印文

"朵儿只唱"意为"金刚持"。象牙印通常被称为"图书""图记"或"图章"。此枚象牙印，款识为"钦赐朵儿只唱图记·大明万历戊子年制"，印文为"金刚持"梵文体，是1587年明朝中央政府首次对格鲁派达赖喇嘛活佛系统的封授，受封人为三世达赖喇嘛索南嘉措。

索南嘉措（1543~1588年）生于拉萨堆龙德庆地方的嘉布康萨贡世袭贵族之家，这个家族的历史可以追溯到公元8世纪吐蕃时期，西藏最早出家的"七觉士"之一的玛仁钦乔即出自该家族。公元1546年，格鲁派上层喇嘛正式认定索南嘉措为根顿嘉措的转世，并将时年4岁的索南嘉措迎进哲蚌寺学法授戒，这也是达赖喇嘛活佛转世中第一次采用寻访、认定、坐床等宗教仪轨程序。索南嘉措10岁时任哲蚌寺堪布，16岁时兼任色拉寺堪布。

格鲁派创立于15世纪初，是藏传佛教发展史上出现最晚的一个宗派，其创始人宗喀巴是西藏佛教史上著名的宗教改革家。宗喀巴站在一个佛教信徒的立场，以维护佛教的社会影响和僧人的名誉、地位为目的，依据佛教经典，提倡佛教僧人应遵守佛教戒律、阐扬显密关系、规定学佛次第，以此制定了僧人的生活准则、寺院的组织体制、僧人的学经程序、是非标准等等。格鲁派经过系列改革，废弃了其他宗派的不良风气，严守清规戒律，将佛学中的显密二宗有序结合，勤修经典，以崭新的面貌、独有的特点出现于当时的西藏社会，深受帕竹地方势力的赞赏和推崇。另外，宗喀巴在明朝封授阐化王扎巴坚赞及其属下官员的大力支持下，创立了一年一度的祈愿大法会。成功的系列革新措施使格鲁派迅速崛起，日益扩大的影响力使格鲁派逐渐成为西藏一个实力雄厚的社会集团。但是，在各种影响势力迅速增长的同时也将格鲁派卷入纷繁复杂的斗争之中。后来由于帕竹政权的内部斗争，帕竹政权的属下仁蚌巴兴起并支持噶玛噶举派，噶玛噶举派依靠仁蚌巴势力对新兴的格鲁派进行抵制和打压，这就直接影响到了格鲁派在西藏的生存与发展。为了转变格鲁派深受压制的被动局势，索南嘉措和格鲁派上层僧侣开始寻找新的强大支持者作为自己的后盾，以此来巩固和加强自己在西藏的地位。恰逢此时，元太祖成吉思汗第十七世孙俺答汗率领的土默特部，用强大的铁骑势力踏遍了蒙古各地并多次进攻中原，这使大明皇帝颇为震惊。1571年经议和达成了蒙明协议，俺答汗被明朝封为"顺义王"。至此，俺答汗的金戈铁马之军因连年征战出现厌战情绪，又因他本人年老体衰，便开始在青海湖畔休兵养息。出于政治和军事考虑，俺答汗意欲邀请西藏著名高僧索南嘉措到蒙古传教，以便通过蒙藏交往活动巩固其部落在青海的势力。

1577年索南嘉措应俺答汗的邀请前往青海讲经说法，这一邀请也促成了后来蒙藏之间第二次联盟的形成。1578年5月索南嘉措一行来到了青海湖畔的仰华寺，并与俺答汗会面，为了纪念这次具有历史意义的会见，俺达汗专门修建了恰不恰（今青海共和县）大乘法轮寺。在大乘法轮寺的开光仪式上，索南嘉措仿照吐蕃时期"七试僧"的故事，为土默特部等三部一百多人剃度出家。索南嘉措和俺答汗互赠尊号，索南嘉措赠俺答汗以"咱克喇瓦尔第彻辰汗"（"咱克喇瓦尔第"是在佛教经典里记录下来的印度古代极有威力的君长尊号，意为转轮王，即能统一全印度的君王；"彻辰汗"，是聪睿汗王的意思，元世祖忽必烈曾称彻辰汗，故后世蒙古汗王极为重视此称号），俺答汗赠号索南嘉措为"圣识一切瓦齐尔达喇达赖喇嘛"（"圣"在佛教里表示已经超出凡位的意思；"识一切"，即"一切智"的异译，这是西藏在显教方面有最高成就僧人的一个称号，译自梵文萨婆若，萨婆若也是释迦牟尼佛的十种称号之一。"瓦齐尔达喇"意为持金刚，这是西藏在密教方面有最高成就僧人的一个称号。"达赖"是蒙古文译音，意为大海；"喇嘛"，藏文译音，意为上师。总起来讲是指在佛家显宗、密宗都已达到最高成就的超凡入圣的海上师），这也是"达赖喇嘛"称号的由来。索南嘉措由此成为西藏历史上的第一位达赖喇嘛，但按照藏传佛教转世制度，追认前二世分别为第一、第二世达赖喇嘛，索南嘉措成为三世达赖喇嘛。

据《明实录》记载："万历六年（1578），二月甲辰，乌思藏阐化王男札释藏卜差番僧来西海，见其师僧活佛（即三世达赖索南嘉措）在西海为顺义王子孙等说法，劝化众达子为善，因托顺义王俺答代贡方物，请敕封。"这也就是说，在索南嘉措的劝导下，俺答汗返回了蒙古土默特本部，索南嘉措为明朝解了心患。另据《明实录》记载："万历十五年（1587）十月丁卯……番僧答赖（即达赖）准陞'朵儿只唱'名号，仍给敕命、图书……"为表示对万历皇帝赐予"朵儿只唱"名号和图记的感谢，索南嘉措欲前往北京拜见皇帝，不幸在途中圆寂，享年46岁。索南嘉措离开土默特前，蒙古人曾要求他来生转世到蒙古族中，后来俺答汗的曾孙即被认定为了四世达赖喇嘛。

图1 朵儿只唱图记（1587年），象牙质，狮钮，高6.8厘米，印面边长5.3厘米，现收藏于西藏博物馆。

金奔巴瓶（1792 年）

金瓶掣签制度是清代乾隆年间为加强对西藏的管理，使藏传佛教活佛转世制度化和合法化，同时也是为提高和强化驻藏大臣的职权而确立的一种制度。

活佛转世是藏传佛教独有的一种传承制度，自公元 13 世纪由藏传佛教噶玛噶举派黑帽系创立以来，至今已有 700 多年的历史。这种活佛转世的传承方式被藏传佛教各宗派普遍接受并迅速效仿。活佛转世的仪轨由简至繁，逐渐形成了一套具有完整宗教仪轨和体例的转世制度。

中央政府对西藏事务的管理经历了一个渐进的发展过程。元朝中央政府实行"独尊一派"的管理政策，依托当时最具影响力的萨迦派代管西藏政教事务；明朝中央政府采取"多封众建"的政策，即通过扶植各宗派并立的办法管理西藏政教事务，先后册封了"八大教王"及大小不等的僧俗人士众多封号，形成请封、袭封制度；18 世纪末，乾隆五十七年(1792 年)，清朝中央政府为杜绝活佛转世中的弊端，颁布《钦定藏内善后章程二十九条》："兹予制一金瓶，送往西藏，于凡转世之呼必勒罕，众所举数人，各书其名置瓶中，掣签以定","各蒙古之大呼必勒罕转世，令于雍和宫之金瓶内掣签。"从而形成"金瓶掣签"制度，开始对藏传佛教活佛转世进行规范化和法制化管理。金瓶掣签制度确立后，清朝中央政府在拉萨大昭寺和北京雍和宫各设金瓶一个，供内外蒙古、西藏、青海、西康等地的藏传佛教各大活佛转世灵童掣签使用。1792年，乾隆皇帝派御前侍卫把金瓶送达拉萨。

《钦定藏内善后章程二十九条》第一条规定了金瓶掣签的使用程序：先由四大护法神初选灵异幼童若干名，而后将灵童的名字、出生年月日书写在签牌上，置于金瓶内，由具有大德之活佛诵经祈祷7日后，再由各呼图克图暨驻藏大臣于大昭寺释迦牟尼佛像前共同掣签认定。如四大护法神初定仅一名，则须将初定灵童名字之签牌，配一无字签牌置于瓶内，若掣出无字签牌，则不得认定为初选灵童，须另行寻访。因达赖喇嘛与班禅额尔德尼互为师徒，凡转世即令其互为拈定。

经中央政府批准后，认定转世，举行坐床大典，方可继承前世法统。"金瓶掣签"的政治意义在于，把决定达赖喇嘛、班禅额尔德尼等继任人选的大权，从西藏地方的"降神"决定转移到乾隆皇帝制定的"金瓶掣签"决定，从而加强了清朝中央对西藏主权的行使。

金瓶掣签制度确立后，历辈达赖喇嘛和历辈班禅额尔德尼活佛系统，仅第九世、十三世、十四世达赖喇嘛和第十世班禅额尔德尼经报请中央政府免予掣签外，其余均经过掣签继承封号。

免于掣签，是金瓶掣签制度的特例。符合免于掣签的转世灵童，首先是遵循转世灵童寻访宗教仪轨找到的灵童；其次是转世灵童聪慧灵异，能述及前世之事或识别前世之圣物，由寻访小组上报中央政府，待中央政府批准后，由中央政府派专员进行勘验，获批后认定其转世，方能继承佛教尊号及宗教地位。

金瓶掣签制度实施至今，首次经金瓶掣签认定的第一位转世灵童是青海佑宁寺的逊（松）巴呼图克图。西藏地区第一位按照金瓶掣签制度认定的活佛是昌都强巴林寺第八世帕巴拉活佛。最近一位通过金瓶掣签认定的活佛是第五世德珠活佛转世灵童，认定时间为2010年7月4日。据不完全统计，从1793年至今，西藏地区通过金瓶掣签，共认定200多位大活佛的转世灵童。

图中金奔巴瓶（1792年，净重2850克，高34厘米，口径12厘米，腹部直径21.3厘米，现藏于西藏博物馆），纯金材质，瓶腹上部錾刻如意云头一圈，中部錾刻"十相自在图"，由七个梵文字母和三个图形组成，又名"十轮金刚咒"，藏语称"朗久旺丹"，是修习藏传佛教密宗时轮金刚本尊大法时所持的咒语。瓶座与瓶盖饰云头、海水、如意宝珠、缠枝莲图案，瓶盖顶部嵌白玉一颗，下嵌松石、珊瑚、青金石等。瓶外包五色绸缎制成的瓶衣，另有如意头象牙签5支。

五世达赖喇嘛金印（1653年）

图1.五世达赖喇嘛金印　图2.五世达赖喇嘛金印印文　图3.五世达赖喇嘛使用印

五世达赖喇嘛法名阿旺罗桑嘉措，1617年生于西藏山南琼结钦瓦达孜，1622年经过四世班禅的认定和主持，被迎入哲蚌寺，担任了格鲁派首领。依照惯例应授予明神宗万历皇帝的诏书金印和俺答汗的金印，但由于当时政府内地与西藏地方都处于一个新旧政权更迭的时期，明朝被清政权推翻，西藏的第巴政权也被蒙藏联合掌政的噶丹颇章政权所取代，受封一事被搁置下来。

明王朝即将覆灭时，西藏地方的政教权力之争促使蒙古和硕特部与格鲁派领导集团主动遣使朝觐皇太极，以获得新兴力量的支持。崇德五年（1640年），格鲁派领导集团及和硕特部首领固始汗，派出了以伊拉克古三为首的代表团启程赴盛京觐见皇太极，并于崇德七年（1642年）到达盛京，这是双方建立友好关系之始。皇太极尊礼伊拉克古三，并给西藏政教首领都写了回信，表达了友好的态度，并派人进藏。清初，喀尔喀、和硕特、准噶尔诸部直接威胁着内地的稳定，为此清朝统治者制定了利用藏传佛教来牵制、安抚蒙古的战略，优渥五世达赖，使其心向清朝，发挥对喀尔喀、和硕特、准噶尔诸部的影响力，以稳定蒙古地区。自顺治元年开始，清帝就不断敦请达赖喇嘛进京，五世达赖喇嘛经过多年的深思熟虑后，于1652年（顺治九年）正月率班禅、固始汗等人的代表及藏官侍从3000人起程赴京。顺治皇帝高度重视五世达赖喇嘛的北京之行，不仅沿途做了周密安排，还专门为五世达赖喇嘛修建了黄寺作为下榻地。顺治帝以围猎为名在北京南苑与之相遇，赐座赐宴。进京后，达赖喇嘛受到清王朝的隆重接待，顺治帝在太和殿为达赖喇嘛洗尘，并赐予黄金550两，白银12000两，大缎100匹以及其他赏物。

由于五世达赖喇嘛离藏前答应拉萨三大寺（甘丹、哲蚌、色拉）的上师们三年内返回西藏，于是进京两个月后，即提出告归。五世达赖喇嘛一行返藏行经蒙古代噶时，顺治皇帝又派礼部尚书觉罗郎球和理藩院侍郎达扎等送去有满、蒙、汉、藏四种文体册封达赖的金印。顺治皇帝之所以不在京城册封五世达赖，而是在五世达赖至蒙古代噶时进行册封，这显然是为了让清朝对五世达赖的册封在蒙古产生更直接、更广泛的影响，借以进一步提高清朝在蒙古各部中的政治威望。[7] 顺治帝在其册文中曰："朕闻兼善独善，开宗之义不同；世出世间，设教之途亦异。然而明心见性，淑世觉民，其归一也。兹尔罗布藏札木素达赖喇嘛，襟怀贞朗，德量渊泓，定慧偕修，色空俱泯，以能宣扬释教，诲导愚蒙，因而化被西方，名驰东土。我皇考太宗文皇帝闻而欣尚，特遣使迎聘。尔早识天心，许以壬辰年来见。朕荷皇天眷命，抚有天下，果如期迎聘而至。仪范可亲，语默有度，臻般若圆通之境，扩慈悲摄受之门。诚觉路梯航，禅林山斗，朕甚嘉焉。兹以金册印，封尔为'西天大善自在佛所领天下释教普通瓦赤喇怛喇达赖喇嘛'。应劫现身，兴隆佛化，随机说法，利济群生，不亦休哉"。金印印文（图2）为"西天大善自在佛所领天下释教普通瓦赤喇怛喇达赖喇嘛"，其中"西天大善自在佛所领天下释教"是沿用明朝永乐皇帝给大宝法王得银协巴封号中的"西天大善自在佛领天下释教"内容，而明朝封得银协巴为大宝法王是沿袭元朝封八思巴为大宝法王的事例。这个封号是元、明中央政权对西藏僧人的最高封号。而印文中的"达赖喇嘛"，则是沿用了明朝所封顺义王俺答汗赠予三世达赖的尊号。从此，达赖喇嘛的封号被正式确定下来，延续至今。

《五世达赖喇嘛传》对金册金印做了这样的描述："此时，皇帝颁发了印文为'西天大善自在佛所领天下释教普通瓦赤喇怛喇达赖喇嘛'的满蒙汉藏四种文字合璧的金印和金册，金册宽度为四指，一卡（拇指尖至中指尖伸开的长度）长，有页神奇地连接在一起，可以折叠。……我为具吉祥欲界大自在写了诗体吉祥偈颂启用了此印，作了荐新。"从中可以看出五世达赖喇嘛对他的受封和获得金册金印的高度重视。由于金印重量达一百多两，使用不便，五世达赖喇嘛回藏后还专门复制了木钮铁印作为使用印（图3 五世达赖喇嘛金印使用印，高13.2厘米，边长11.3厘米，现藏于西藏博物馆），螭钮，檀香木，藏、满、汉三种文字。金印则在举行大典或颁发重要的布告命令时使用。

7.《清顺治帝敕封五世达赖的金册金印考》，旺多，《西藏大学学报》1999年第1期。

图1五世达赖喇嘛金印,高10.1厘米,边长11.3厘米,重8257克,纯金制成,上有如意钮,现藏于西藏博物馆。

乾隆御笔写寿娑罗树并赞图（1780年）

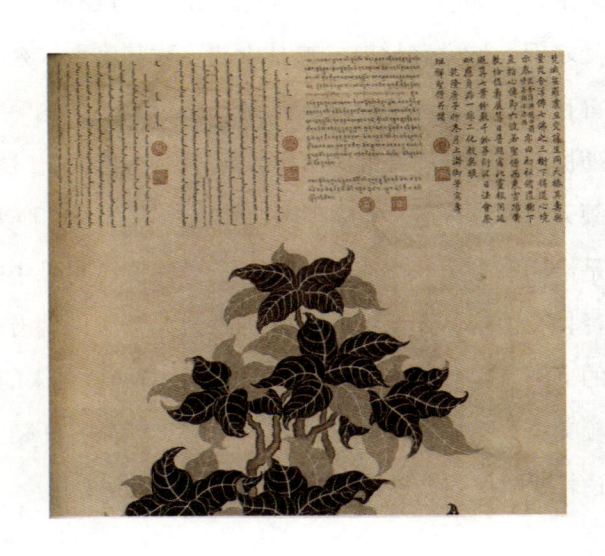

图1. 乾隆御笔写寿娑罗树并赞图　　　　图2. 乾隆御笔写寿娑罗树并赞图局部

现藏于西藏博物馆的乾隆御笔写寿娑罗树并赞图，是乾隆皇帝于乾隆四十五年（1780年）十一月为庆祝六世班禅额尔德尼42岁寿辰所作。此画长305厘米，宽116厘米。画作上方分别以汉、藏、满、蒙4种文字书赞，每段书后分别钤有相应字体的朱色印文"乾隆"御印，共4组8枚。画幅上娑罗树四周枝杈间，另有"古稀天子之宝""与和气游""意静妙堪会""涉笔偶值几间"4方印文。赞文为下：梵域娑罗，震旦交让，生同大椿，其寿无量。毗舍浮佛，七佛之三，树下得道，心境示参。毗舍浮佛偈曰：前境若无心亦无。

亦曰初祖，修道树下，直指心传，即六波若。圣僧西来，宣扬黄教，恰值寿辰，慧日普照。写此灵根，用延遐算，七叶纷敷，千龄曼衍。泥日法会，荼毗应身，非一非二，化被无垠。乾隆庚子仲冬月上浣御笔写寿班禅圣僧并赞。赞文大意是，在印度生长着的娑罗树，传到我国生长则像大椿树一样，寿命相当长。七佛中的第三佛毗舍浮佛，曾于此种树下修行成道，向世间展示佛法。佛祖释迦牟尼也曾于此种树下修道，专注自心，领悟出了众生解脱的六种途径。圣僧班禅从西藏来到内地，宣扬藏传佛教格鲁派教法，正值他42岁寿辰将至，真可谓佛光普照。写此诗的目的正是祈愿圣僧寿命像此圣树灵根一样延伸、远达；像此圣树枝繁叶茂一样，永远生衍。直到功德圆满之日，才举行法会，送走应身，使法身、报身无限地广慧世间。此赞全文见于《高宗御制文二集》卷44《写娑罗树寿班禅喇嘛并为赞言》。

乾隆皇帝在赞文中高度评价了六世班禅额尔德尼东行这一重大举措，并真诚希望班禅额尔德尼的寿命如同娑罗树一样常青永驻。此图的创作与留世，有它独特的社会背景和历史原因。

班禅额尔德尼是藏传佛教格鲁派最大活佛转世系统之一和最大宗教领袖人物之一，在藏传佛教界享有崇高威望。自清康熙五十二年(1713年)，康熙皇帝正式册封五世班禅罗桑意希为"班禅额尔德尼"之后，历世班禅额尔德尼均由中央政府册封成为历史定制。

六世班禅额尔德尼法名巴丹益西，出生于西藏日喀则地区南木林宗扎西则豁卡唐拉家，1740年由乾隆下旨批准认定，1741年6月在扎什伦布寺的日光殿举行坐床大典。乾隆三十一年（1766年）对六世班禅进行了册封，并颁赐金印金册，金册用藏、满、汉3种文字镌刻，纯金制作，共13页，净重230两。金印也用藏、满、汉3种文字镌刻，净重208两，印文为"敕封班禅额尔德尼之印"。

关于六世班禅额尔德尼赴京一事，《清实录》中记载"……昨据章嘉呼图克图奏称，班禅额尔德尼因庚子年（乾隆四十五年，公元1780年）为大皇帝70万寿，欲来称祝。皇帝本欲见班禅额尔德尼，因道路遥远，或身子尚生，不便令其远涉。今既出于本愿，实属吉祥之事，已允所请。"乾隆四十四年（1779年）六月，六世班禅额尔德尼率侍从堪布13人及其他人员2000余人自扎什伦布寺起程。六世班禅额尔德尼进京，是自五世达赖喇嘛进京朝觐后之盛事，京藏两地都极为重视。为此，乾隆对于迎接六世班禅额尔德尼前来祝寿非常重视，对入觐的接待礼仪及沿途迎送事宜都做了十分周详的部署。

为了迎接六世班禅额尔德尼，乾隆皇帝特意在热河依照西藏日喀则扎什伦布寺形制建造了须弥福寿寺，供班禅驻锡。同时安排皇六子和三世章嘉国师陪伴六世班禅额尔德尼到热河各处名胜参观。在乾隆皇帝70万寿庆典上，六世班禅额尔德尼率众高僧向乾隆皇帝祝诵无量寿经，并献七珍八宝及长寿画卷等作为寿礼，还亲自向乾隆皇帝施无量寿佛大灌顶。与前来祝贺的蒙藏王公，满汉大臣齐聚一堂共祝万寿，乾隆皇帝尊六世班禅额尔德尼为"圣僧"。为表达对六世班禅额尔德尼的崇敬与感谢之情，乾隆皇帝在六世班禅额尔德尼42岁寿辰前作了此幅《娑罗树并赞图》，但不幸的是六世班禅额尔德尼在42岁寿辰前于北京黄寺圆寂。

六世班禅额尔德尼作为清代历史上唯一一位曾进京朝觐的班禅活佛，生前受到了乾隆帝隆重接待和无上尊崇，这幅御笔所画《娑罗树并赞图》更是清朝中央政府和西藏地方政教领袖间亲密关系的见证，具有重大的史料价值。

西藏达赖驻重庆办事处印 (1937 年)

图 1. 西藏达赖驻重庆办事处印

图 2. 西藏达赖驻重庆办事处印印文

清宣统三年辛亥革命以后，中央政府与西藏地方之间处于一种在特殊历史条件下的不正常关系状态，这是一种中央政权轮替之际所出现的特殊政治现象。第二次鸦片战争结束后，在西方列强的强迫下腐朽的清政府被迫签订了一系列不平等条约，中国正一步步变为帝国主义的殖民地和半殖民地，西藏地方的形势也是变得日益严峻。1888 年，英帝国主义首先在西藏隆吐地方发动了第一次侵藏战争，1904 年，英印政府又发动了第二次侵藏战争，以十三世达赖喇嘛为首的西藏地方政府虽然组织僧俗民众进行了顽强的抵抗，但由于得不到清朝中央政府的有力支持加之实力悬殊等原因而节节败退，1904 年 7 月 25 日，英军头目荣赫鹏（Sir Francis Younghusband）强迫西藏地方政府签订了非法的《拉萨条约》，十三世达赖喇嘛被迫逃亡蒙古。1910 年清政府以加强对西藏的控制为由派钟颖率川军进藏，达赖喇嘛又被迫逃亡印度，清政府下令革除了达赖喇嘛的封号，这一举动引起西藏僧俗界一片哗然。尽管政权更替后，袁世凯宣布恢复达赖喇嘛的封号，但十三世达赖喇嘛对于清政府错误治藏政策给西藏地方和他本人所造成的伤害仍是耿耿于怀。

由于内地军阀混战不断，加之英帝国主义的不断干涉，自民国元年开始，西藏地方与民国中央政府的关系一直处于极其不正常的状态下，这种微妙的关系一直持续到1927年南京国民政府的成立。国民政府成立后组建了蒙藏委员会，专门管理蒙古、西藏等少数民族事务。十三世达赖喇嘛也逐渐认识到英帝国主义的险恶用心，开始主动与国民政府加强联系并改善关系。1928年，十三世达赖喇嘛指示五台山堪布洛桑巴桑到南京面见蒋介石，面陈藏事，1929年奉十三世达赖喇嘛之命赴南京的贡却仲尼、楚臣旦增、巫怀清三人晋见了蒋介石等国民政府高层官员，并与蒙藏委员会委员长等人共同拟定了解决西藏问题的各项具体办法。该办法共有十条，其中第十条即："达赖喇嘛在南京设立办公处，经费由政府发给。"这是南京国民政府时期，首次提出十三世达赖喇嘛派代表驻京的想法。十三世达赖喇嘛和噶厦政府给蒋介石的回复是："先设办公处于南京、北平、西康三处，以后若有加添之处，再当陈请。" 1930年赴藏返回南京的贡却仲尼开始筹建西藏驻京办事处，1931年2月，西藏驻京、驻平、驻康办事处正式成立，并任命贡却仲尼为驻京办事处处长。

1937年12月，由于全面抗战的爆发，国民政府被迫迁往重庆，西藏地方政府驻京办事处也随之移往重庆，并更名为"西藏达赖驻重庆办事处"，由国民政府颁发了此枚新的印章，该印章高12厘米，边长6.2厘米，为直钮铜印，印文为藏汉合璧，现藏于西藏博物馆。虽然这段时间西藏驻京办事处已更名，且已迁到重庆，但是国民政府和蒙藏委员会仍称其为"西藏驻京办事处"。所以一直到1949年"西藏达赖驻重庆办事处"撤销，该办事处与国民政府及原西藏地方噶厦政府往来电文中，仍将"西藏达赖驻重庆办事处"称为"西藏驻京办事处"。

西藏驻京办事处从1931年成立，至1949年国民政府败退台湾而解散，前后共历时19年。这些西藏驻京办事处的驻京人员与蒙藏委员会驻藏办事处的驻藏人员一起，是民国时期维系西藏地方与中央政府之间关系的重要纽带。

西藏达赖喇嘛驻重庆办事处的存在，表明了西藏地方对全国抗战的支持，具有重要的历史意义。

毛主席写给十四世达赖喇嘛的一封信（1954年）

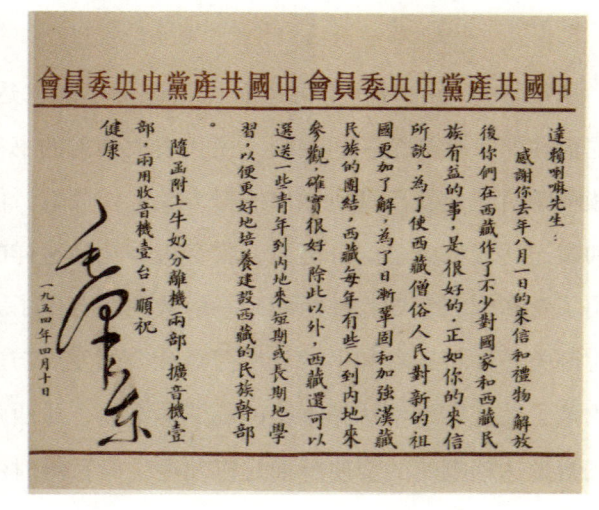

图 1. 信封　　　　　　　图 2. 信内容

　　此信是 1954 年 4 月 10 日毛主席写给十四世达赖喇嘛的复信。1951 年 5 月 23 日，中央政府和西藏地方政府代表在北京中南海签订《中央人民政府和西藏地方政府关于和平解放西藏办法的协议》(简称《十七条协议》) 后，达赖喇嘛致电拥护《十七条协议》到 1959 年 3 月外逃的 8 年时间里，达赖喇嘛与中央人民政府和毛主席等国家领导人曾有过大量的函电、书信往来，其内容主要涉及有关执行《十七条协议》、人民解放军进藏、保护宗教、尊重达赖喇嘛的固有地位和职权、恢复西藏民族内部的团结、成立西藏自治区筹备委员会、停止藏钞、整编藏军、西藏社会改革等几大方面，此书信便是其中的一封，现藏于西藏博物馆。

在 1951 年 5 月 23 日西藏和平解放前后，毛主席等老一辈党和国家领导人一直非常关心西藏问题的解决，注意团结和争取以达赖喇嘛为代表的西藏上层。1951 年到 1959 年 3 月这段时间里，毛主席曾亲自制定了和平解放西藏的战略决策和一系列政策，并指示西藏工委，"要尊重达赖喇嘛的宗教地位、团结争取达赖喇嘛拥护祖国统一和党中央决策"。

从信件签署的时间上可以看出，这是十四世达赖喇嘛同十世班禅额尔德尼前往北京参加第一届全国人民代表大会前的书信。信中，毛主席肯定了达赖喇嘛对建设新西藏所做出的努力及工作成效，信中还谈到了培养西藏青年和赠送达赖喇嘛牛奶分离机、收音机等礼品这样的细节问题。这不仅充分说明了党和国家领导人在西藏和平解放问题上做了大量细致入微的工作，而且时刻关心和帮助着和平解放后西藏社会的发展与进步。此外，西藏博物馆还收藏了毛主席送给达赖喇嘛的翡翠提梁壶，原西藏自治区领导张国华、谭冠三赠送达赖喇嘛的金质酥油灯以及毛主席写给时任西藏自治区筹委会主任十四世达赖喇嘛的信件等，都无一例外地表明了党中央和中央人民政府对西藏地方的高度重视和对十四世达赖喇嘛本人的尊重与关爱。此时的十四世达赖喇嘛也向中央表达了信赖中央人民政府、拥护《十七条协议》、坚持民族团结、共同建设新西藏的愿望。

第二章

民俗

拉萨贵族妇女服饰

第二章

鈴声

贵族妇女服饰（18~19世纪）

图 1. 拉萨贵族妇女服饰 　　图 2. 藏北贵族妇女服饰 　　图 3. 日喀则贵族妇女服饰

　　西藏的贵族阶层最早产生于吐蕃王朝初期，吐蕃王朝瓦解之后，由于政权更迭，在历史上先后形成了萨迦政权时期的贵族、帕竹政权时期的贵族以及颇罗鼐统治时期的贵族。贵族世家及势力的延续也出现更迭现象，一些往日势力贵族被新兴势力贵族取而代之。1951年以前，西藏贵族世家除了一些继续延续吐蕃、萨迦、帕竹时期的贵族家庭之外，大部分显贵家庭产生于18世纪上半叶颇罗鼐执政时期。

　　服饰属于社会文化范畴，自然会在一定程度上受到等级制度和等级观念的影响。自吐蕃王朝政治体系建立初期，服饰就已经出现了从赞普到各级官吏在帽饰、头饰、耳饰、胸饰以及衣袍质地、纹样等穿戴方面的等级差异，并以此区别职位的高低。据史料记载，藏王松赞干布迁都拉萨之初，他和他的大臣仍然以毡和毛皮挡风御寒，脸涂赭色面膏。唐贞观十五年（641年），文成公主入藏，曾将诸种花缎、锦、绫罗与诸色衣料2万余匹，分别馈赠吐蕃王臣贵族，使西藏贵族服饰变得丰富多彩。自公元634年松赞干布遣使入唐至846年吐蕃瓦解，长达213年间，双方官员来往共达191次之多。[8] 两地之间"金玉绮绣，问遣往来，道路相望，欢好不绝"，于这种交往中，唐地丝织品源源不断地传往吐蕃，成为吐蕃人极为珍视的衣料。吐蕃从中原获取丝织品的渠道主要有赐物和回赐、互市和民间贸易、战争掠夺。[9] 明代的茶马互市，包括内地的布、丝、绫、绢和藏族的畜产、土产交换更加频繁。过去贵族服饰中所用的花缎藏袍，以及其他高档服饰材料，多数均由内地运来。

西藏贵族妇女虽没有官职，但其身份地位与服饰装扮均受家庭男主人官职官位的影响。过去，一套完整的拉萨贵族妇女服饰主要由无袖搭襟长衣、丝质长袖衬衫、彩条纹邦典、红呢绣花长靴、巴珠、嘎乌、项链、耳环等几部分组成。[10] 图1是拉萨贵族妇女盛装，内着丝质长袖菊花纹衬衫，外套长搭襟蓝色织锦缎长袍，腰系与蓝袍色系搭配的彩条纹毛呢"邦典"，脚穿厚牛皮底绣花红呢长靴，头戴点缀辣椒红珊瑚的珍珠巴珠，耳饰嵌松石的金质大耳环，胸佩用珍珠、翡翠、红珊瑚、紫晶石、九眼石等相间串成悬挂的嵌有绿松石及各色宝石的金质嘎乌，整套服饰雍华瑰丽。图2是藏北贵族妇女盛装，内着绸缎衬衫，外穿黑色氆氇质地长袍，长袍袖口及袍边镶有锦缎花边及狐皮、水獭皮作为装饰，腰系彩色"邦典"并挂有金银质地的火镰和针线包。图3日喀则贵族妇女盛装，内着绸缎衬衫，外套锦缎对襟长坎肩，胸挂珍珠配饰，脚穿厚牛皮底绣花红呢长靴，头戴宝石"巴廓"。以上三套服饰均为西藏博物馆藏品。

8.《西藏地方历史资料选辑》，北京大学历史学系编，北京三联书店1969年版。
9.《藏族服饰史》，杨清凡，青海人民出版社2003年版。
10.《雪域瑰宝：西藏文物展》图录，广东省博物馆，西藏博物馆编，岭南美术出版社2014年4月版。

藏族服饰地域性特征非常明显，服饰质地、款式、配饰等会因农、牧、林经济形态的不同、地域气候的不同及劳作特点的不同而因地制宜。各地的藏族女装可谓是千姿百态、各有千秋，无论有多大的差异，佩戴"邦典"则是通用的装饰。"邦典"是藏族妇女围系在腰间的一种彩条氆氇衣饰品，佩戴邦典不仅是已婚女性的标志，也是举行成人礼的标志。相传，邦典的穿戴习俗与文成公主有关。但从壁画资料上考证，这一佩戴习俗的时间至少可以推至11世纪中叶。萨孔·旺堆先生在《西藏民俗一百例》中记载："佩戴邦典的习俗是西藏特殊的气候与生活习性决定的，最初是为了防止藏袍前部磨损，因为妇女经常抱小孩、捡柴火、牛粪，所以专门制作围裙，后来慢慢演变成如今的邦典样式。"邦典的纺织需要选用上等的羊毛，纺出精细的经纬线，然后根据自己的年龄、身份、性格、喜好、质地等不同，选出相应的毛线规格，染成自己喜爱的颜色制作而成。它以丰富的色彩搭配和独特的穿戴习俗，渲染藏民族特有的服饰民俗、宗教信仰、审美情趣等。最初的邦典也许是用兽皮或粗毛织物等耐磨性较强的料子所制作。僧尼邦典则均为素色邦典。上流社会妇女用华丽丝绸质地的布料制作邦典，彰显了她的富有与华丽，也逐渐演变成了节日盛装。佩戴邦典也有一些禁忌，比如家里有丧事时不戴邦典，西藏重要的宗教人物圆寂时禁止妇女佩戴邦典，妇女不戴邦典不能穿越田野等。民间还有种说法，妻子不戴邦典会缩短丈夫的寿命，甚至使其染上各种疑难杂症。[11]

11.《山南邦典民俗文化研究》，索朗措姆，2010年西藏大学硕士毕业论文。

宝饰装（清）

图1. 宝饰装　　　　　　　图2. 蜜蜡胸饰　　　　　　图3. 金质绿松石嘎乌及珊瑚串珠

服饰，是一个人身份地位的外在标志。宝饰装是原西藏噶厦政府官服中最具地方特色的一种服饰。官服作为阶级社会中明辨各级官员等级属性的服饰，更是受到政治、经济、宗教、文化等诸多因素的影响，这既是政治分化的需要，也是政治体制中礼制的规定。

西藏的官服制度源远流长，早在吐蕃王朝时期就已形成了较为完善的制度，尤以告身制度为详。吐蕃王朝崩溃后，西藏地区陷入长期分裂割据、纷争无序的状态，包括告身等服饰制度在内的各种典章制度遭到破坏。[12]

甘丹颇章政权建立初期（1530年），由于政局的变迁、社会流动的加大，以及蒙古因素的再度流入，使得拉萨地区贵族阶层服饰装束甚为混乱。各级官吏既有穿着藏式服饰的，也有穿戴蒙式、汉式服装的，甚至是有的人上半身穿蒙古服，下半身着藏装，四五个以上的人聚在一起时，可能会发现其中有汉式、尼泊尔式、藏式、门巴式、康巴式、工布式、藏北牧民式、蒙古式、阿里式等各种各样的奇异服饰。[13]康熙十一年（1672年），五世达赖喇嘛注意到了着装上的混乱状况，便责成第司·洛桑图道收集西藏古代各种官服章饰，特别是吐蕃和帕木竹巴时期的服饰，以便重新制定一套贵族官员的服饰

12.《清初甘丹颇章政权权威象征体系的构建》，罗布，《中国藏学》2013年第1期。
13. 同上。

体制。在调查了解的基础上，五世达赖喇嘛最终确定了30多种"珍宝服饰"式样，并对衣服的各个部分都做了特别的规定，"除头人以上的须发者和今后确需以寺院财富赡养的特殊人物外，所有续短发者均须按其身份之贵贱穿着藏装"。[14]

《五世达赖喇嘛自传》记载，藏历第十一饶迥水鼠年（1672年）新年初二，甘丹颇章政权举行福田——施主新年聚会，执香者、司膳、引路者、知宾等执事人员首次穿戴了宝饰装，迎宾敬客。从此以后举行各类大型庆典活动时，执事人员穿戴这种布满珍宝的服饰成为定制。宝饰装官服制度实行后，逐渐突破仅由执事人员在布达拉宫重大庆典活动中穿戴的局限，开始在各级俗官中推广这种官服制度。而且在当时还对积极践行这一服制度的贵族官员进行嘉奖，提高他们在参加各种大型庆典活动时的座次排序，让他们破例取坐高于蒙古汗王及三大寺堪布等要员的大靠背三层坐褥，以促进这一制度的有效推行。随着甘丹颇章政权的不断巩固和各种体制的渐趋完善，以宝饰装为标准的官服体制逐步得以确立起来。

宝饰装的装束一般为莲纹、蟒纹或各种富贵花卉纹的双袖缎袍，水獭皮镶边，袖口用五色绸缎相接。穿戴时，还需将头发用辫子掺丝或编成假辫，右侧从头发上垂下一根松耳石宝串，戴大顶锦帽或缎狐的尖形帽，手戴扳指，拿素珠，腰系绸带并挂有藏刀、荷包、火镰、碗套等。文人还在腰间挎铁筒，内装竹笔及墨水瓶等文具，左耳戴酒盅口大小的镶金绿松石的耳饰（诶果尔），右耳垂镶金的珊瑚、松石坠，胸佩金银质地嵌宝石嘎乌，珊瑚、琥珀珠、松石等各种宝石垂挂至腹部，腰插宝饰配刀，脚蹬皮质彩靴。

图1为18世纪西藏噶厦政府官员的宝饰装，现藏于拉萨布达拉宫，图2、图3为图1宝饰装的部分饰品。图2为56颗蜜蜡串成的胸饰，其中最大颗蜜

14.《五世达赖喇嘛自传》阿旺罗桑嘉措著，陈庆英、马连龙、马林译，中国藏学出版社2006年1月版。

蜡足有雪梨般大小，1672年恰逢五世达赖喇嘛56岁诞辰，宝饰装又在这一年推出，蜜蜡胸饰由56颗串成，不知是巧合还是有着特别的寓意。图3为宝饰装上佩戴的圆形松石嘎乌和珊瑚串珠。

噶厦政府官服（清）

图1. 噶厦政府官服　　图2. 噶厦政府官服　　图3. 噶厦政府官服局部纹饰

据巴卧·祖拉陈哇（1504~1566年）所著藏族史籍《贤者喜宴》记载，公元7世纪，松赞干布时期就制定了"告身制度"，即用玉、金、银、铜、铁、木等六种不同材质制成臂章，分别授予吐蕃社会各级成员，并规定其挂在臂前，这种臂章自然成了吐蕃时期辨认身份的标识物。13世纪萨迦政权时期，八思巴创制了包括适合于十三科制的官帽、官服等服饰礼制。14世纪帕竹政权时期，依据古代服饰，相继出现了盛行于世的宝饰装、王子装等不失古风的珍贵服饰，并由各种史书记载下来。17世纪甘丹颇章政权建成初期，西藏地方政府官员服饰混乱，无一定制，五世达赖喇嘛深知要维护和巩固西藏的稳定，上下有别、等威有序的冠服制度尤为重要，于是开始厘定甘丹颇章政权官员的服饰，搜集西藏古代王臣服饰，特别是西藏吐蕃时期和帕竹时期的服饰，在效仿往昔古代服饰的基础上创制了一套甘丹颇章政权西藏地方官员服饰制度。《钦定理藩部则例》中未对西藏官服及定制做出严格的规定，噶伦、第巴以及受封爵位的颇罗鼐只是在庆典、会办公事时从服装样式上加以等级上的区别，而平时没有形成上下有别的图案样式或表示身份高低的饰件。

图 1"明黄龙纹织锦缎袍"（噶厦政府官服，现藏于西藏博物馆），图 2"明黄地彩织海水江崖云龙纹织金妆花缎夹袍"（噶厦政府官服，现藏于拉萨布达拉宫），均是噶厦政府三品官员在朝见宗教领袖和举行重大节日礼仪时所穿的公服。图 2"明黄地彩织海水江崖云龙纹织金妆花缎夹袍"是在明黄色五枚三飞经面缎纹地上用大红、枣红、粉红、青蓝、湖蓝、月白、墨绿、油绿、草绿、圆金线等彩色纹纬，采用挖梭和通梭妆花工艺，通体织有正面盘龙纹、海水江崖纹及四合如意云纹。缎袍形制具有结构肥大，袖袍宽敞、丝带束腰等藏族传统服饰特点，从繁缛严谨的纹饰图案，光滑平整的缎面质料上可以断定，制衣锦缎应为清廷皇室赏赐给西藏地方上层人士的内地纺织物。

在《清宫活计档》中，有很多锦缎匹料的赏赐记载，如顺治皇帝在京接见五世达赖喇嘛时就赏他大缎 1000 匹。至今，西藏博物馆仍珍藏着大量的宫廷锦缎丝绸匹料，其中还有乾隆年间所赐尚未开封的锦缎匹料，所藏匹料中多为江宁织造局织造。明、清以来，服饰制度中都有明确规定，只有皇帝才能服用五爪龙纹，皇帝以下至文武七品官皆以蟒纹为章，有五爪与四爪之分。但是噶厦政府四品以上官员服用纹饰，藏语中只有"龙纹"的称呼，并无"蟒纹"之称，同时有五爪、四爪、三爪三种样式，且不以爪数的差异与龙数的多寡区别官职高低，极具西藏地域特色。[15] 按旧时的规定，这种官服唯有四品

15.《西藏博物馆馆藏清代西藏噶厦政府官员服饰赏析》，杨曦、巴桑潘多、达娃著，《西藏大学学报》2011 年第 4 期。

以上的官员才能穿戴，显示出穿戴者的身份与地位。另外，官服或拉萨地区男式服饰上通常还会佩挂腰刀、碗套、荷包等物品。图1、图2中的圆形帽为春夏两季所戴的夏冠，藏语称"江达"，用藤丝或竹丝为冠胎，铁丝贯帽缘，俗称铁环帽。圆形江达帽的顶饰以宝石材质的不同来区分官品，如一般情况下三品饰珊瑚，四品饰绿松石。噶厦政府对冬夏换装日期也有规定，每年藏历三月初八换夏季衣服，藏历十月二十五日换作冬服。图1、图2中的官服是夏季服。

清朝西藏官员最高品级原则上为三品，其头衔是"噶伦"。对于办事有力的噶伦官员也可以擢升为二品，这种品级提高的情况在《清实录》或藏文史籍中均有记载。"噶伦"是"噶伦厦伦杰"的简称，在噶厦政府中由四个三品官（一僧三俗）组成，主要负责日常行政事务。恰白·次旦平措先生在《"噶伦"辨析》一文中分析，噶伦一词在西藏历史上至少有七八百年了。但西藏地方始设噶伦一职，为清康熙五十九年（1720年），当时清廷派员送七世达赖喇嘛格桑嘉措入藏，遂封康济鼐等为噶隆（伦），协助达赖喇嘛等管理西藏地方事务，后因"阿尔布巴之乱"，公元1728年改由颇罗鼐个人掌权，其逝世后传位于子珠尔墨特那木扎勒。乾隆十五年（1750年）总理全藏事务的"多罗郡王"珠尔墨特那木扎勒发动叛乱被平息后，清廷废除郡王、贝子办理藏事之制，正式建立了西藏政教合一的最高行政机构——噶厦政府。噶伦一职直到1959年被撤销，至此，前后有95人担任过噶伦一职。

僧服（清）

图 1. 僧官服　　图 2. 僧官服　　图 3. 格鲁派黄色僧帽

图 1 噶厦政府僧官服，现收藏于布达拉宫。图 2 噶厦政府僧官服，现收藏于西藏博物馆。

藏传佛教僧服的出现要从西藏桑耶寺第一批出家僧人（766 年）说起，寂护大师和莲花生大师为了给桑耶寺第一批 7 位出家僧人剃度，专门请来了 12 位比丘，剃度仪式结束后，"七觉士"穿上了与印度佛教僧人一样的绛红色僧服，同时还规定修行在家的俗家弟子蓄发着白衣。

《经经律》是藏传佛教五大部之一，赤松德赞时被译成藏文，并在赞普的支持下正式推广，成为藏区佛教僧人生活依止的唯一的一部宗教律典。这也是为什么藏传佛教自传入起历经千年，不论佛教在藏如何盛衰，僧服基本上没有根本性变化的原因之一。《经经律》规定，佛教僧服不能佩戴任何装饰物，僧服的颜色指定为红、蓝、赤黄三种，衣物的尺寸大小、色彩和式样都应严格按照律经选材缝制，不能随意制作。

从藏传佛教发展史看，前弘期时僧院及僧人供给均由王室按照寺院及僧人等级提供。据《巴协》记载，为宗师级别的僧人每年提供 9 肘的衣料，大修行者为6肘衣料，学经人员为3肘衣料。吐蕃王朝崩溃以后，藏族地区原来主要局限在王室贵族中的佛教传播格局被打破，佛教活动不得不逐渐开始深入民间弘传戒律、建寺收徒。那些没有王室和贵族支持的僧人便将求法弟子的供养作为自己主要的生活来源和保障。因灭佛运动，佛教发展在西藏沉寂近百年，10世纪末，佛教经印度等地再次传入西藏并活跃于民间。再次弘传的佛教，因密宗修行方式的不同逐渐形成众多宗派，如宁玛、噶当、萨迦、噶举、格鲁及希解、觉域、觉囊等多种宗派，前弘期所译律典仍是各宗派传教所依止的规范，僧服的基本款式和颜色并没有太大的变化。但是，各宗派根据自己的兴衰历史及所蕴宗教内涵还是进一步丰富了传统僧服的种类、款式、衣料等。

藏传佛教僧侣服饰也有等级之分，从颜色上区分，绛红色僧服是各宗派僧人通用的颜色，黄色僧服的使用限于活佛的袈裟、坎肩或斗篷等，获得格西学位的僧人其坎肩也可以是黄色，并在肩口镶有红边。再就是僧服衣料的区别，一般僧服常用绦棉织品，冬天多用羊毛织品，高僧可用绸缎来制作，多用明黄、中黄或土黄色，其外部绣有各种吉祥图案或嵌有各种织锦、金、银丝线。但也有一些特殊情况，如扎什伦布寺密宗扎仓僧人着深红色上衣，据说班禅大师是无量光佛的化身，无量佛着深红色佛衣，自四世班禅洛桑·确吉坚赞起就开始穿着深红色上衣，此后的密宗扎仓僧人便开始着深红色僧服。藏区僧人的斗篷多为红色，一般只有拉萨三大寺（甘丹寺、哲蚌寺、色拉寺）堪布的斗篷才能是黄色的，但扎什伦布寺僧人也可以戴黄色斗篷，这是为了体现扎什伦布寺创始人根敦珠巴殊优之处，也是表示扎什伦布寺享有与三大寺一样的地位。披风，藏语称"达喀木"，是僧侣们在佛法盛会时披用的大氅，其特点是宽大、厚重，形状呈扇形，背部多褶皱，衣领处镶以扁月状褶纹衣条，过去用氆氇、棉麻制作，现也有用毛呢料和人造纤维来制作的。高僧和铁棒喇嘛的披风，其背上挂有"金刚"或织锦背饰，而普通僧人则不能挂"金刚"，无"金刚"的披风称为"江木森"。

另外，宁玛派、噶举派、萨迦派、格鲁派高僧均有独特的僧帽，除格鲁派以外，其他各派所戴僧帽均为红色，唯独格鲁派僧帽为黄色，因而格鲁派俗称黄帽派。这有其历史原因，后弘期之初，鲁美·崔陈洛追等10个卫藏人从喇钦·贡巴饶赛处受戒并师从喇钦·贡巴饶赛，后来，鲁美·崔陈洛追返回卫藏地区，临行时喇钦·贡巴饶赛赐给他一顶黄色帽子，说："你戴上这顶帽子就会时常想起我。"从此后，凡是持律僧人都戴黄色僧帽，宗喀巴也戴黄帽以示师承关系。[16]

珍珠冠（清）

图1. 珍珠冠 　　　　　　　　　图2. 珍珠冠顶部

珍珠冠是西藏特有的一种女性冠饰。1951年以前，藏族世袭贵族妇女在盛大节日或出席重要庆典活动仪式时，会顶戴"人"字形的珍珠巴珠和珍珠冠头饰。珍珠冠通常高20厘米，直径23厘米左右，以木作胎，如纬笠式，冠内饰朱红漆后用布做内里，冠面周围由无数颗天然珍珠并点缀松石穿连布胎，尽显璀璨华贵。

16.《藏传佛教僧伽服饰释义》，李玉琴，《西藏研究》2008年第1期。

珍珠冠的造型与珍珠的布置恰好迎合了"圆"与"满"的创意，它们与藏传佛教中的"圆通""圆觉"思想和民间文化中的"圆满"意识有很大关系。金镶绿松石的冠顶犹如曼陀螺，这种顶戴形式或许在一定程度上代表了佛的佑护寓意。珍珠冠是价值连城的稀世珍品，图中的珍珠冠（现藏于西藏博物馆，清代）高20厘米，直径25厘米，由上万颗珍珠层层串制而成，顶层为4层金环，内嵌绿松石。

我国是世界上利用、采捕珍珠最具悠久历史的国家之一，亦是人工生产养殖珍珠历史最早的国家。据《尚书》中记载，我国4000年前在淮河流域一带就已采取天然珍珠作为宫廷"贡品"。古代采捕珍珠的用途主要是装饰、药用、死者口含。我国用珍珠作首饰距今已有3000年历史，秦汉以后以珍珠作首饰更为普遍，皇帝、后妃、宫中侍女，官宦人家的夫人、小姐手上都要顶戴珍珠饰物。故宫博物院、中国历史博物馆中都保存着一些皇宫中的珍珠头饰。西藏有关珍珠的存世遗物，主要有珍藏在山南雍布拉康文成公主制作的珍珠唐卡和藏于萨迦寺忽必烈时期赐给八思巴的珍珠诏书等。

西藏最早的佩饰出土于昌都卡若遗址，距今已有4500多年的历史。这一时期的装饰品主要以陶制、石质及贝类为主，饰品形式也丰富多彩，有牌饰、项链、手镯、珏等，其色彩原始天然，制作古朴简单。骨笄是发现最早的头饰品。珍珠冠头饰出现的具体时间，笔者暂时没有查阅到确切记载，但是，从古格都城遗址的壁画中，我们可以看到一些古格王朝时期西藏西部地区贵族佩饰的一些形制和佩戴习俗，其中就有顶戴珍珠冠的贵族妇女画像。这说明珍珠冠的佩戴历史至少可以追溯到11世纪左右。

藏族头饰处处笼罩着一种自然和祖先崇拜的神秘色彩。珍珠的洁白璀璨象征了圣洁、纯净、美丽，是一切美好和善良事物的象征。在藏族的神话传说中，相传阿尼玛钦山神披白衣，骑着白色的骏马，挥动牧鞭在白云上面放牧，他有无穷的智慧、慈善的心肠，震慑群魔，保护着黎民百姓，其他的神灵大都着白衣或化身为白色动物。藏区原始宗教苯教和藏传佛教都尚白，苯教认为"白色代表善良"，藏传佛教认为白色是吉祥色。在佛教进入藏区前，苯教的僧侣都穿白色衫裙，戴白顶高帽。佛教噶举派的创始人玛尔巴及其后传的高僧皆穿白色袈裟或衫裙。佛教金刚舞里的白神更是白衣白袍白面具，有时善法也称"白法"。[17] 或许，珍珠冠的顶戴习俗是深受藏区由来已久的"尚白"习俗的影响而产生。

珍珠冠也曾作为贵重礼品馈赠，1954年十四世达赖喇嘛到北京参加第一次全国人民代表大会时，曾向毛主席敬献过一顶珍珠冠，该冠现收藏于北京民族文化宫。

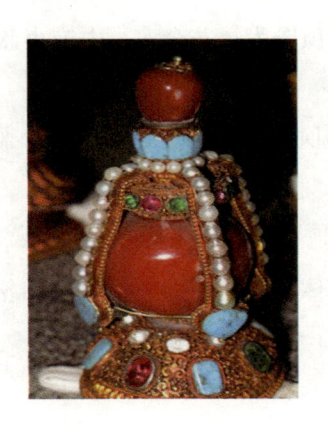

珊瑚帽顶（17~18 世纪）

帽顶是清朝官服冠顶上的一种装饰。根据《大清会典》的定制，在冠顶加饰物，以别尊卑贵贱。清王朝在管理其官员上，采用的是等级森严的九品官制，这种制度把各级文武官员先划分为九个级别，每个级别称为品，每品

17.《藏族头饰中的原始宗教意蕴》，申泓，《阿坝师范高等专科学校学报》2005年第4期。

又分为正和从两级，这样从正一品开始，之下依次为从一品、正二品、从二品、正三品等，直至从九品，合为九品十八级。各品官员的帽顶，采用的是黄金镂花为座，冠顶饰物的等级依质地从高到低依次是：东珠、红宝石、珊瑚、蓝宝石、青金石、水晶、砗磲、素金、镂花金不等。

清朝规定了9种不同的宝石或黄金作为官员的帽顶。

正、从一品文武官帽顶皆为镂花金座，中饰东珠一颗，上衔红宝石。常见的有玫瑰红、蔷薇红、大红和暗红，以血红和鸽血红为稀世珍品。

正、从二品文武官帽顶皆为镂花金座，中饰小红宝石一颗，上衔珊瑚。顺色主要有桃红和粉红，以艳红最为名贵。

正、从三品文武官帽顶皆为镂花金座，中饰小红宝石一颗，上衔蓝宝石。自然界的青金石颜色是极为艳丽的深蓝色、天蓝色或紫蓝，有很强的玻璃光泽。

正、从四品文武官帽顶皆为镂花金座，中饰小蓝宝石一颗，上衔青金石。

正、从五品文武官帽顶皆为镂花金座，中饰小蓝宝石一颗，上衔水晶。

正、从六品文武官帽顶皆为镂花金座，中饰小蓝宝石一颗，上衔砗磲。（砗磲是热带海域中的一种软体动物，其贝壳大而厚，略呈三角形，呈黄、绿、青、紫等色彩，极为美丽，可作为装饰品）

正、从七品文武官帽顶皆为镂花金座，中饰小水晶一颗，上衔素金，常称素金顶。

正、从八品文武官帽顶皆为镂花阴文金顶，无其他装饰。

正、从九品文武官帽顶皆为镂花阳文金顶，无其他装饰。

清朝西藏官员最高品级为三品，其头衔是噶伦。噶伦是噶厦公伦的简称，总理噶厦政府中日常行政事务，一般有四名，其中一名由僧人担任（又称喇嘛噶伦，无官服）。《清史稿》中载三品官员服色为文三品朝冠，顶镂花金座，中饰小红宝石一颗，上衔蓝宝石；吉服冠顶亦用蓝宝石；补服前后绣孔雀。余皆如文二品。按《大清会典》的定制，此物属于二品官员帽顶，可见清朝时期对西藏官员品级制度的执行是恩宠高套的。

在西藏官员之中仅有噶伦、代本的任命需要由驻藏大臣和达赖共同提出两个名单，报送清朝中央理藩院及户部审定，由皇帝选择任命。其余官职的升迁和任命只需由驻藏大臣和达赖喇嘛选定即可。清朝中央政府利用官员品级制度对西藏行使完全的主权，西藏地方各级官员都明确各自的品级、职责，各司其职，充分体现清朝在西藏地方采取因俗而治的行政管理体系是完整的，是自上而下贯彻于最基层的行政组织。

清朝时期，清廷除了规定噶伦一职可佩戴珊瑚顶戴之外，也有赏赐的顶戴花翎。雍正九年（1731年）赐卫藏战乱阵亡在江孜的阿里营官噶锡哇·次旦扎西长子南杰次旦一品珊瑚顶戴与孔雀花翎，随后历代清代皇帝均有赏赐顶戴花翎之举。清乾隆四十四年（1779年），颁赐著名贵族仁·朗杰次丹，一品本色珊瑚顶子并赏戴花翎。他的嗣子多仁班智达剿平三岩匪患后，乾隆皇帝赏赐其红宝石顶子和孔雀花翎。

图中珊瑚帽顶（17~18世纪，现藏于西藏博物馆），珊瑚颜色鲜红纯正，帽顶金座的成色有着西藏黄金淬火工艺的特点，帽顶周围装饰宝石多样，颇为华丽讲究，应是原西藏地方噶厦政府某一噶伦的官帽顶饰。

巴珠（清）

图 1. 珊瑚巴珠　　　　　　　　图 2. 珍珠巴珠

巴珠是藏族妇女已举行成年礼的一种标志性头饰，主要流行在西藏拉萨、日喀则及江孜一带。通常一个巴珠上面缀有上万颗大小不等的珍珠和大红珊瑚珠以及绿松石等饰物，它往往还同宝石耳环，镀金嵌宝石银"嘎乌"（经佛盒）一起佩戴，是藏族妇女最珍贵的头饰之一。[18]

拉萨一带流行的巴珠，呈三枝的"丫"形，在支架上包裹红色毛毡，上缀珍珠、珊瑚或松石等宝石作为饰物。佩戴时平系于头顶，两枝朝前，一枝朝后，将分梳的两条发辫分别盘在两枝上。日喀则及江孜一带的巴珠呈弓形，弓形主体是用棉布浆膜卷制而成，佩时"弓"背向上，弦部勒于发际，分梳的多条细辫盘在"弓"的两端，架上嵌缀珠宝作为饰物。女子只要第一次梳戴"巴珠"头饰后，表示已经成年，可以谈婚论嫁了。

藏族饰品中的象征文化非常浓厚，重"意"胜于重"形"。据说，巴珠头饰的来源与格鲁派创始人宗喀巴大师有关，宗喀巴年轻时进藏拜师学习，身上只带了木碗和背架，途中求食受到女人的嘲笑，宗喀巴说："这是圣物，

18.《斑斓多彩的藏族妇女头饰》，们发延，《中国民族》1996年第9期。

你们应该戴在头上。"人们后来崇拜他,真将木碗和背架之形戴在了头上。[19]

五世达赖喇嘛时期,对西藏僧俗官员着装做出过统一规定。等级制度也体现在饰品的佩戴上,过去,西藏佩带巴珠有着严格的等级区别。世袭贵夫人可以顶戴珍珠巴珠也可以顶戴珊瑚巴珠,一般贵族或大商人的夫人只能佩戴珊瑚或松石"巴珠",普通人家妇女所戴的巴珠上只点缀着少许的珊瑚或松石。

图1为珊瑚巴珠,长56厘米,宽37厘米,巴珠支架上缀有64颗色泽鲜红圆润、块度大小均匀的珊瑚,每两颗红珊瑚之间点缀一颗绿松石,共60颗,在巴珠支架的三角形顶部用红宝石、蓝宝石、翡翠、珍珠等做成三叉式挂饰,极具古典优雅的质感,该文物现藏于西藏博物馆;图2为珍珠巴珠,长46厘米,宽31厘米,巴珠支架上缀有14颗红珊瑚、上万颗天然珍珠并点缀数颗绿松石串制而成,该文物现藏于拉萨布达拉宫。

珊瑚翡翠朝珠(清)

珊瑚翡翠朝珠

19.《藏族头饰中的原始宗教意蕴》,申泓,《阿坝师范高等专科学校学报》2005年第4期。

朝珠是清朝皇帝和官员特有的一种朝服配饰，挂在颈项，垂于胸前，是显示身份和地位高低的重要标志。因而，朝珠的使用有着十分严格的规定，不同等级身份、不同场合所佩戴的朝珠，各不相同。据《大清会典》载：清代帝后、王公大臣和文官五品、武官四品以上官员，按典制规定，穿朝服和吉服时，皆得佩戴朝珠。妇女受封五品以上者，也得佩戴。每逢宫中举行大典或各种节日、筵宴，内廷行走之人或与典礼有关之执事人员在五品以下者，也得佩戴朝珠。

朝珠是由 108 颗材质、颜色、大小均同的珠子串缀而成，在 108 颗主珠中，每隔 27 颗穿入一颗大珠，称作"分珠"，俗称"佛头"。位于颈后的佛头缀饰件，称为"佛头塔"。佛头塔中空，可穿缀丝绦，丝绦中部有"背云"，绦末端垂一颗坠角。在佛头塔左右两侧穿挂 3 串小珠，称为"记念"。朝珠与佛教信徒使用的数珠有着特殊的渊源关系。数珠也是由 108 颗珠子组成，它是按照 12 月、24 节气、72 候为一年的说法，将总数定 108 颗。

朝珠多选用名贵珠石由内务府使用贵重材料督造制作而成，体现出皇家的富贵和奢华。材质有青金石、蜜蜡、珊瑚、绿松石、碧玺、东珠、蓝晶石、翡翠、玛瑙、金珀、琥珀、伽楠香、菩提子、檀香、沉香木、椰子木、扎卜扎雅、(藏产木质贡品)、砗磲、象牙、牛角等材质。朝珠在等级上的区分，主要看材质的珍贵程度、珠石颜色和丝绦的颜色。

清朝皇帝用朝珠赏赐有功勋的臣子和边疆少数民族首领，以彰显帝王的恩宠。在苏发祥主编《历辈班禅额尔德尼传》中就记载过：西藏第一任噶伦曾被雍正皇帝赏赐过一串珊瑚朝珠，乾隆皇帝曾赏赐过六世班禅一串只有皇帝、皇后御用的东珠朝珠；故宫收藏的六世班禅画像中，就有一幅官服像，六世班禅头戴清朝官帽，身着黄色官服，项配东珠朝珠。这种超逾常格的尊崇具有酬谢、奖赏、宗教往来等多重意义，也成为当时清中央政府加强与西藏地方关系的重要纽带之一。

图中是清代的珊瑚翡翠朝珠，长133厘米，颜色纯正晶莹，颗粒大小匀称，为西藏噶厦政府三品官员所佩戴的朝珠，现藏于西藏博物馆。

金质嵌宝石嘎乌（18~19世纪）

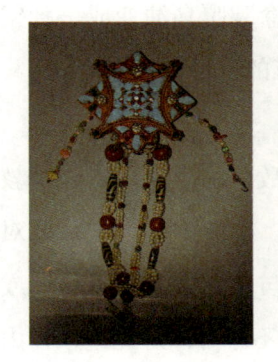

图1. 金质嵌宝石嘎乌　　图2. 金质嵌宝石嘎乌　　图3. 银质嵌宝石嘎乌

嘎乌在西藏是一种男女通用的护身符，又是女性的一种奢华装饰品，一般挂在颈上或背挎腰间。

嘎乌有两种，一种是妇女胸饰嘎乌，一般有八角形、圆形、半圆形等形状。它是项饰的主要形式，挂在一串珊瑚、珍珠或其他珠子串成的项链的中心，一般为银质或铜质，印金嵌花；另一种是护身符嘎乌，形状多为佛龛状、半圆形、圆形，表面所装饰的纹饰大多以吉祥八宝、鹿、莲花等具有宗教含义的团和缠枝回旋图案为主，工艺非常精细。大多以金、银、铜制成，表面镀金，嘎乌盒内一般装有小型佛像、经文、经咒，或是高僧活佛加持过的圣物。藏区男子常佩戴胸前或挎在身上，以求神佛保佑。

从佛教上讲，佩戴嘎乌可以起到辟邪护身、减小业障和增长修行的作用，从民俗配饰上讲，嘎乌是一种遍及西藏而又常见的奢华胸饰。佩戴内装小型佛像、经文、经咒等佛教圣物，是为了佑护佩戴者远离邪业的侵扰，从而获得精神佛力的加持，赋予内心世界安宁，在藏区流传甚广。嘎乌多有金、银、铜等材质制作，八角的外形多用松石、珍珠、珊瑚、玛瑙、琥珀等天然石装饰，藏族同胞的这种"崇石"现象，主要是认为天然石具有护身辟邪的作用，另一方面也体现了"灵物崇拜""自然崇拜"的原始宗教信仰。嘎乌表面雕刻的金刚杵代表了无坚不摧；莲花纹代表了圣洁；雍仲纹饰代表了吉祥。嘎乌既有护佑的功能也有装饰的功效，从实体的八角盒装嘎乌演变成一种镂空的八角嘎乌，装饰材质上也不再局限于天然石，也有的用珍珠镶嵌而成。

护身符在藏语中叫松阔，佛教传入前主要指对敌人的军事防御，佛教传入后在西藏原始理念影响下形成保佑庇护的护身符。护身符产生于藏族对鬼怪的防御思维之中。这些伤害主要来自自身的运气与生产生活中的亵渎或偶然接触造成的。藏族同胞认为人身体上有命穴，邪恶不净可以从此进入体内，进而危害身体健康，如果戴上手镯、戒指、耳环之类的饰品，能将命道遮断，邪恶的进不来，命也出不去。

护身符的种类主要有骨器类、宝石类（受万物有灵的昭示，无论是藏传佛教还是原始苯教都认为石头也是有灵性的）。宝石历来是藏族人民的珍爱之物，即便是作为一种胸饰的嘎乌也使用了多种宝石进行镶嵌。图中嘎乌镶嵌的宝石主要有绿松石、红珊瑚和天珠，"瑟"即天珠，被藏族尊崇为至高无上的宝物，并认为是最好也是最贵的护身护。人们相信，诚心供养或佩戴天珠可以消除业障、获得福报、防止中风及免除被外道邪魔伤害，又可以增强体力，增加财富，等等。《藏汉大辞典》中解释：瑟为亚玛瑙，猫眼石，一种宝石。俗称"九眼石"。纹理有"无眼"、"长条"及"有眼"三类，入药能治脑溢血。绿松石又叫寄魂玉，藏族人的世界观里最不同寻常的观念要属灵魂可以寄予他物，灵魂不灭和灵魂游离可以成鬼也可以成神，它必须要有附着的载体，山、石、树都可以作为寄魂物，由于绿松石具有高贵稀有等特性，便成了寄魂物。《格萨尔王传》中就有绿松石作为寄魂物的描写。[20]图1、2、3中的各式金、银质嘎乌均制作于18~19世纪，现藏于西藏博物馆。

糌粑盒（19~20世纪）

图1. 木质描金寿龙纹糌粑盒　　　　图2. 根瘤木糌粑盒

青稞是西藏高原传统的主栽农作物。据藏文史书记载及民间传说，青稞是1300多年前文成公主进藏时由内地带来并开始栽培的。这一历史传说曾引起考古界、民族学界等诸多学科领域的重视，更有一些国内媒体将这一历史传说当成真实的历史。然而，在1994年西藏山南地区贡嘎县昌果乡昌果沟遗址的发掘中，考古学家们不仅挖掘出土了包括打制石器、磨制石器、陶器、骨器在内的丰富考古遗存，还在灰坑中掘出大批炭化的农作物遗存，经农业学家逐粒鉴定，其中有青稞种子近3000粒。这一重大发现，首次将西藏高原的青稞农耕上溯到了距今3500年前的新石器时代。[21]

青稞极其耐寒的特性，使其成为适应高原气候的主要农作物。在藏区，

20.《藏族护身符研究》，闫脑吾，中央民族大学2009年硕士毕业论文。
21.《西藏昌果沟遗址新石器时代农作物遗存的发现、鉴定与研究》，付大雄，《考古》2001年第3期。

为了延长青稞的保质时间,通常会把青稞炒熟后,磨成粉状再食用,藏语称其为"糌粑",即炒面。糌粑作为西藏的传统食物,在长期的食用中,人们还赋予了它更多的民俗意义。几乎在所有的民俗节庆和宗教活动仪式中,糌粑都是必不可少的。如糌粑可以用来制作祭祀食品(朵玛);过年时举行的酬神仪式中,会在家中的灶台、水缸、房梁、柱子等处都用糌粑绘制吉祥符号;婚庆时会用糌粑作为原料在大门口绘画雍仲符号;丧事时会在家门口吊挂的陶罐内焚烧糌粑作为死者的食物。由此可以看出,糌粑在藏族人民的生活中已远远超出食用概念,而成为这个民族的标志。

糌粑的储存通常会放在牛皮制作的糌粑袋里,这样糌粑放置的时间再长也不会变质。平日家中随时需要拿出来食用的糌粑则装在糌粑盒或席索里。[22] 糌粑盒作为人们生活中常见的一种盛食器物,既有木质,也有铜质、银质等金属材质的。木质糌粑盒一般会选用杜鹃木、核桃木等优质根瘤木旋制而成,形如圆塔。糌粑盒从中间开启或密封,分为盒和盖两部分。制作时,需打磨后先上生漆为底色,颜色分为金黄、黑色、深红等,再绘各种花纹图案,最后上清漆。比较讲究的糌粑盒,还会在边沿处镶嵌银质花边,或采用描金工艺装饰,别具美感。

图1为木质描金寿龙纹糌粑盒,高25厘米,口径32厘米,器型端庄美观,制漆工艺考究,为描金漆。盖呈黑色,顶部和腹部绘有构图严谨、描绘细腻入微的龙纹、八宝纹、团花纹等描金花纹。盒身呈黑红两色漆,上半部的黑漆位置同样采用描金漆工艺。图2为根瘤木糌粑盒,高19.3厘米,口径31.5厘米,是用根瘤木旋制而成的,透过深红色的素面清漆,根瘤纹理清晰可见。这两个制作于19~20世纪的糌粑盒现藏于西藏博物馆。

无论什么材质的糌粑盒,传统造型盖部均呈宝塔状。在西藏,塔是存放

22.《藏族食具分类与文化内涵》,索朗卓玛,《西藏艺术研究》2010年第4期。

活佛法体、佛祖或高僧舍利、珍贵经书、佛像等宝物的建筑，据高僧传记或史书典籍记载，塔在装藏时也有放入放五谷的现象。糌粑盒的盖部呈宝塔状，一方面是源于藏族同胞对青稞食物的依赖，视之为珍宝；另一方面也许是源于塔存宝物的传统传承。

鎏金铜镂空碗套（明）

碗是西藏人们日常生活中的必备之物，无论是喝酥油茶、青稞酒还是吃糌粑，藏族同胞都喜爱使用自己的碗，并将它随身携带。此外，在藏族同胞的习俗中，碗也被看成了福运及身份的一部分。碗被打碎或有缺口，被认为是很不吉利的象征。在宴请客人时使用有缺口的碗被看作是十分无礼的行为。

在西藏，碗的材质繁多，有金碗、银碗、木碗、陶碗、瓷碗等，都具有浓厚的民族文化特征。其中，瓷碗在西藏碗文化中有着特殊的地位，自元代起，西藏成为中央政府直接管辖的一个行政区域以来，瓷器和玉器等中原传统工艺品，经常作为贵重的礼品被历代中央政府赏赐和馈赠给西藏地方的上层人物。随着进贡与赏赐关系的密切与增多，"赏赐文化"在藏汉之间得到了极大的发展,这种赏赐在加强中央与西藏地方政治联系的同时,也对民族文化交流与融合产生了不可忽视的推动作用。到了明朝时期这种赏赐达到了高潮,这期间,明朝各种青花、五彩瓷器大量传入西藏,成为西藏上层人物身份、权力、等级的象征。其中高足碗是明代瓷器在西藏地区最为常见的器物造型,其一般使用于宗教仪礼当中,成为供奉的圣物,通常用于盛装鲜奶、酥油、青稞酒、清水等供品。

这些精美、珍贵的瓷器传入西藏的渠道大部分为陆上运输,由于路途过于遥远,包装简易,运至西藏时瓷器的破损率很高。瓷器碗套便是在这种情况下应运而生的。在西藏游牧民的生活中,皮质碗套较为常见,它是由8片梯形皮块拼接而成,套内有两条皮带用于固定瓷碗,其外形与皮帽相似,工艺较为简单、略显粗犷,由于皮具具有柔软轻便、易于携带的特点,尤其适合游牧民逐水草而居的生活习俗,因此在西藏牧区中使用得较为广泛,碗套自然也就成为了他们必备的生活用品。

而对较为珍贵、形质特别的瓷碗则专门制作了带有吉祥纹的银套和铜、铁鎏金碗套。图中这件收藏于西藏博物馆的鎏金铜镂空碗套就是为保护高足碗而特别制作的,碗套高15厘米、口径18厘米、底径6厘米,属明代的器物。它采用镂雕工艺,做工考究,一般为贵族外出时所使用和携带,通体鎏金并遍饰装饰图案,盖子上分为3个同心圆,开光内透雕团龙及卷草纹。盖子与套身沿部刻万字不断头纹(也称作曲带纹),口沿下方为连珠纹图案。套身上透雕双龙戏珠和卷草等纹样,底部錾有双龙戏珠,局部镶嵌有精美的绿松石。套内垫有一定厚度的绒布、套身两侧各有一个可以穿带的把手。

从瓷器与碗套这个浓缩的空间里,我们不仅可以看到历代中央政府对西藏地方政府的施政,同时也可以看到西藏地区对中原文化的吸收与接纳,并在流传的岁月中,融入了藏民族的审美文化,更可以看到汉藏民族之间在历史上的文化交流和亲密无间的关系。

陶质雪鸡形酒壶（19世纪）

图 1. 陶质雪鸡酒壶　　　　　　图 2. 陶质雪鸡酒壶

雪鸡是一种最大的鹑类，共有 5 个种类，仅分布在亚洲中部地区的高海拔地带。我国的雪鸡有两种，即藏雪鸡和喜马拉雅雪鸡。前者广泛分布在青藏高原；后者分布在天山、帕米尔和青藏高原北部。藏雪鸡是一种杂食性鸟类，但主要以植物为食，包括球茎、块茎、根、草、叶等，有时也啄食各种昆虫和小的无脊椎动物。[23] 由于藏雪鸡活动区域多在高寒地带，昼夜之间的温差强度使得藏雪鸡能量消失过多，因此早上六七点钟就开始觅食活动以补充能量需求。繁殖期的藏雪鸡反应十分机警，见人就跑，遇险时甚至可以滑翔起飞。

藏雪鸡冬季有很强的垂直活动习性，早上一般在海拔比较低且离居民较近的农田上觅食；晚上一般在海拔（5000 米左右）较高的地方过夜。新生的藏雪鸡羽毛全为褐色，60 日龄时雪鸡形态、体色、羽毛均和成年雪鸡接近，头颈的羽毛逐渐变为灰色，上背淡葡萄黄色的带斑很显著，有很密的灰色粉点；

23.《中国动物志鸟纲鸡形目》，郑作新、谭耀匡、卢汰春、唐蟾珠，科学出版社 1978 年版，第 51~56 页。

腰部为淡黄褐色，胸斑较窄。[24] 这种羽毛的颜色也是它安全隐蔽的需要。藏雪鸡为地方性留鸟，数量多且经济价值较大，其肉细嫩鲜美，是珍贵野味上品。同时，鲜肉晾干、研细，亦可入药，主治妇科病、癫痫、疯狗咬伤，兼有滋补和壮阳功能。其羽毛经加工，可做垫填充物。另外，将羽毛烤焦、研细、亦可入药，主治癫痫和疯狗咬伤等病。

雪鸡酒壶是西藏日喀则地区最具特色的一种酒具，一般在婚庆时候使用。这种酒具除了将雪鸡这种高原生物的形象塑造得极为生动外，还赋予了雪鸡酒壶很多的美好寓意文化。藏雪鸡的灵性、机警、结群、生存能力超强等赋予了雪鸡酒壶更多更好的寓意。雪鸡酒壶的背部有一个注口，倒酒的人要满怀感激及诚意地倒酒，倘若倒酒的姿势不对，那么雪鸡酒壶就会发出雄性雪鸡"咕、咕"的叫声，倒酒的人将被罚酒，以此娱乐。这也从一个侧面体现了藏族人民丰富的想象力。

图 1 陶质雪鸡酒壶（19 世纪，高 18.4 厘米，长 30.1 厘米，宽 15 厘米，现收藏于西藏博物馆），是西藏博物馆陶质藏品中为数不多的一级文物。图 2 为一对陶质雪鸡酒壶，现收藏于西藏古代兵器博物馆。

24.《中国雪鸡的分布——地理分布和生态》，沈孝宙、王家骏，《动物学杂志》1963 年。

木质酥油茶桶（19世纪）

藏族民间传说一赞普染病卧床静养时，偶然捡到一只小鸟衔来的从未见过的绿树枝，赞普将树叶放入口中品尝其味，觉得清香提神，口内生津。赞普大喜，认为这是一种治病良药。于是，命人在吐蕃境内寻找这种树叶，俱未找到。后来，有人在汉地找到这种树叶，才知是茶，采摘后带回吐蕃献给了赞普，赞普饮用后，身体日益见好，从此藏地有了饮茶的习俗。据15世纪班卓儿藏卜所著《汉藏史集》记载，西藏第三十六代赞普都松芒布杰在位时（676~704年）茶叶开始传入吐蕃。《汉藏史集》中还详细记载了16种茶叶的产地、特征、烹制和功用，这足以证明藏族饮茶历史的悠久及对茶文化的精深了解。《唐国史补》记载，781年唐德宗时，常鲁公出使吐蕃，闲暇时在帐篷中煮茶，吐蕃赞普问他："此为何物？"鲁公说："解烦疗渴，所谓茶也。"赞普说："我此亦有。"命人摆出产于寿州、舒州、顾渚、蕲门、昌明、

邕湖的许多茗茶，令常鲁公惊叹。由此可见，吐蕃时期茶已成宫廷常备之物。

藏族谚语中说："一日无茶则滞，三日无茶则病。"关于藏民族如此嗜茶的原因，明末清初的文人顾炎武根据当地的饮食习惯给予了释读："以腥肉之食，非茶不消，以青稞之热，非茶不解，故不得不赖于此。"自唐代起，藏区一般是用巴蜀所产的砖茶。明朝统治者为了茶马贸易的需要，对川茶实行垄断经营，于是开辟了茶马古道。随着茶马互市的兴盛和发展，茶逐渐成为西藏婚丧嫁娶礼俗中不可或缺的馈赠之物，甚至在宗教活动"煨桑"仪式中也会作为祭祀之物使用。

藏族饮茶方式主要有清茶、酥油茶、奶茶等几种，酥油茶则是其中最受欢迎的饮品。酥油作为传统乳制品之一，含有丰富的乳脂肪和微量元素，不仅营养价值高且保健功效强，每500克酥油可在人体内产生4000千卡的热量，这些是生活在高寒地区的藏民族离不开酥油的重要原因，由此提炼酥油就成了农牧区妇女必做的家务之一，在农牧区，传统的提炼酥油用具就是图中的酥油桶，同时它还是一种制茶用具。酥油桶由一个木制的圆柱体木桶和一个顶部有圆饼状带孔的木托搅拌棒组成。提炼时先将奶汁烧至沸腾，倒入桶内，待冷却后，手持这根长柄搅拌棒反复上下抽压木桶内的牛奶，液体和气流可以通过小孔上下流动，直到将酥油与水和蛋白质分开为止，浮在上面的即是酥油。

制作酥油桶一般选质地较硬的红松木，在藏东南地区也有用竹节截锯制成的酥油桶，富有人家或高僧喇嘛所使用的酥油桶也有金质或银质的。酥油桶外围一般套有几道铜皮箍或银皮箍，主要是起到对木桶的固定作用，同时也是一种既朴实又美观的装饰。另外，在牧区还有使用熟制的牛、羊肚进行提炼酥油的方法：将牛奶倒入牛、羊肚内，绑紧口部，反复来回摇晃，致使酥油与水和蛋白质分开后进行提炼；一些制陶农区，也有的使用椭圆形陶制罐提炼酥油：牛奶倒入罐内，封口，将两根木棒插穿入左右罐耳，反复摇晃，致使酥油与水和蛋白质分开后进行提炼。

一般情况下，100斤牛乳只能提炼4~5斤酥油，瑜伽文献中说，谁储备有充足的酥油，谁就被认为拥有液体黄金。瑜伽师相信酥油滋养人的精气，也就是在体内组织中肉眼无法看见的活力精髓。西藏高寒的气候会使酥油储存时间较长，传统的储存酥油会选择在低温的秋冬季节，以保持酥油品质。夏季气温较高时，其氧化作用会加快油脂分解成脂肪酸和甘油，脂肪酸进一步分解成酮、醛、酸等物，这会直接影响酥油营养价值。

图中木质酥油茶桶，（桶高90.2厘米，口径16厘米，现收藏于西藏博物馆）桶呈圆柱体，上箍有六道黄铜圈，主要是用于加固桶体并有一定的装饰作用。

鼻烟壶（清）

图1. 镶象牙角质鼻烟壶　　图2. 茶晶鼻烟壶　　图3. 红珊瑚鼻烟壶

鼻烟壶是盛装鼻烟的容器，始于明，盛于清。这种器皿有玉石、瓷器、料器、漆器、珐琅、金属、牙角等多种材质，并与绘画、书法、雕刻、镶嵌等多种工艺相结合，是我国清朝时期工艺美术荟萃的缩影。

西藏吸鼻烟的风俗可以追溯到1300多年前，据民间传说，相传在藏王赤松德赞（742~797年）时期，西藏的南部地区出现了许多妖魔鬼怪，作恶多端，给众生带来灾难。为了降妖，藏王特地从印度邀请莲花生大师来降妖，莲花生大师法力无边，把妖魔镇在桑耶寺，大部分妖魔俯首称臣，掏心献师，甘愿当护法神。但仍有妖魔逃脱了法力，在逃跑时将血滴在了地上，滴血处长出了烟草花，后被人们发现并制成了鼻烟。故人们把鼻烟视为秽物，吸鼻烟一般会被视为对佛的不敬。即使有着这样的典故，西藏却一直流传着制作鼻烟壶和吸闻鼻烟的习俗。鼻烟配置有很多种，常见的是用烟叶磨成细粉末加入烧过的岩石粉或藏草药灰或草木灰或牛羊粪灰按比例混合而成。西藏上层人士使用的鼻烟常见藏草药鼻烟或进口的成品鼻烟。吸用时将鼻烟倒在拇指指甲上，食指或中指阻住一侧鼻孔，另侧鼻孔分数次吸入。习惯上将倒满一拇指指甲，厚约一毫米的鼻烟，称为"一甲鼻烟"。如今，西藏地区的一些城镇老人和农牧区的妇女们仍有不少人吸闻鼻烟，只不过多数百姓使用的鼻烟壶被一些小瓶子、小盒子之类的容器替代，已没有了以往对鼻烟壶材质的讲究。

鼻烟壶不仅是盛放鼻烟的容器，还渐渐发展成为显示身份、地位、财富的象征。鼻烟壶艺术在乾隆一朝达到极盛，玩赏收藏鼻烟壶成风，使得其存放鼻烟的用途渐至其次。据记载，嘉庆时和珅被查抄的财产中各类鼻烟壶就有2000多件。风靡于清朝的鼻烟壶，随着民国时期卷烟和烟卷的流行，社交作用逐渐减弱消失，鼻烟壶的制作更是日渐衰退。如今，精美的鼻烟壶成为收藏者收藏、品鉴的精美艺术品，早已没有了原来的功用。

传统的西藏鼻烟壶具有浓郁的本土风格，一般是就地取材，多见牛羊犄角制成。在清代鼻烟壶细腻、精致、小巧、扁圆造型的影响下，材质上不再局限于金银、角质，而且增加了玉石、珐琅、玻璃器等多种质地。鼻烟壶的镶嵌工艺、雕刻工艺、绘画工艺都彰显出别致的华丽感，既保留了浓郁的民族特色，又形成了粗中带细、刚柔并济的特点。

图1是镶象牙角质鼻烟壶，长21厘米，口径4.5厘米，嘴部和盖部镶嵌了雕刻有图案的象牙，材料昂贵稀有，工艺精湛美奂。图2扁圆形的茶晶鼻烟壶，底径2.6厘米，高6.6厘米。两面高浮雕鲤鱼和莲花纹，寓意年年有余，配有红珊瑚盖，盖下连象牙匙。图3是红珊瑚鼻烟壶，底径3.9厘米，高8.6厘米，珊瑚色泽纯正，鼻烟壶的两面浅浮雕着蝙蝠、寿桃、蝴蝶、松鼠、螭、寿字纹等，盖嵌金托，下连象牙匙，实属珍贵少见。以上3件不同材质鼻烟壶均收藏在西藏博物馆。

火镰（19世纪）

图1. 鎏金火镰　　　　图2. 铁质火镰　　　　图3. 铁质火镰

火在人类文明进程中发挥着至关重要的作用，正如恩格斯所说："摩擦生火第一次使人支配了一种自然力，从而最终把人同动物界分开。"据人类科学家研究，世界各地曾出现过很多种人工取火的方法，最主要的方法是摩擦法和撞击法。摩擦法是使用两块木材通过摩擦发热而生火的方法。其中，钻木取火是人类历史上使用最古老也是最广泛的一种摩擦取火方法；撞击法是使用两种物品相撞产生火星从而引燃燃料取火的方法，先后经历了以石击石和金属击石等阶段。撞击法是世界各地普遍使用的一种取火方法，无论是南美洲的火地人还是北极圈的因纽特人历史上都用这种取火方法。太平洋上的斐济人曾使用燧石和硫化矿石相击以此生火。随着时代的发展，后来出现铁与燧石相击生火的方法。在欧洲出土的一些旧石器时代晚期的遗址中，曾发现黄铜矿石和燧石存放在一起，很有可能是早期金属击石取火所用。这种金属击石取火的方法在奴隶社会和封建社会时期的许多民族中曾普遍沿用，其中，钢制火镰便是在金属击石取火中发明的。

火镰在古代文献中又称钢镰或火刀，一般由火石、火绒、钢条三部分组成。由此可见，火镰至少是在铁器时代以后出现的。据说，火镰因其做成镰刀形状而得名，但实际上火镰的形式多种多样，既有半圆的镰刀形，也有梯状的马蹄形。使用时，将绒草或绒线紧紧地挟在手指间，用燧石在光滑的铁条上摩擦，依靠摩擦溅出的火星将草绒点燃后开始引火。西藏常见的普通火镰会在铁条上固定一个耐磨耐用的皮质荷包，荷包内存放火石和火绒，荷包顶部设有系绳的孔扣，上缀皮绳或丝带用于悬挂在身上。一些世族贵胄、富商大贾为了彰显身份和富贵，会在荷包的前后两面上雕饰各种吉祥图案，或镶嵌玛瑙、红珊瑚、绿松石之类的宝石，尽显奢华，甚至有的火镰上还刻有作坊工匠的名款。

火镰具有取火成本低、携带方便、操作简单等诸多特点，千百年来一直都是人们使用最频繁的日常生活器具之一。西藏和平解放前，大部分农、牧、林区，上至贵族，下至百姓几乎都使用火镰。尤其是在农牧区，传统燃料是牛粪，因牛粪具有易燃易灭等特点，使用钻木取火存在技术和燃料上的困难，火镰便成为最实用的取火用具。随着时代的发展，随身携带的火镰，除了日常使用以外，逐渐成为人们的装饰品。现如今，火镰逐渐被火柴、打火机取而代之，但佩带火镰，作为一种装饰，在西藏农牧区服饰中依然常见。

图1为鎏金火镰，长10厘米，宽6.2厘米，錾花厚实美观。图2为铁质火镰，长12.5厘米，宽8.5厘米，荷包上镶嵌了鎏金铜的火焰纹、吉祥八宝纹、8颗红珊瑚和1颗绿松石。图3也是铁质火镰，长10厘米，宽7.3厘米，一

面荷包上装饰了5朵梅花形银饰,另一面荷包上装饰了一朵缠枝梅花形银饰,顶部缀绳用宽厚的黄色丝带织成,上系杵形的托迦、玉坠及丝穗。此三枚火镰现均由西藏博物馆收藏。

藏刀

图 1. 青铜小刀

图 2. 铁质人面狮身纹剑

图 3. 嵌宝石女士藏刀

藏刀的制作与使用历史非常久远,据作于明成化年的藏族史学名著《青史》和《藏史纲要》记载:"大约在公元前1800年,雪域人由于当时生存的需要逐步掌握了剑、弓箭、抛石器等武器,斧和刀等生产工具制造技术。"图1青铜小刀,是西藏博物馆藏藏刀类藏品实物中时期最早的,出土于昌都贡觉县中学石棺墓,距今约2200多年,这是目前西藏地区考古发现中最早的随葬品刀具。由此可见,2000多年前刀具在藏东南已是重要的生活用具。敦煌壁画显示,吐蕃时期,王、大臣、贵族、侍从等均有佩戴刀剑的装束。

图 2 是铁质人面狮身纹剑，通长 42.5 厘米，剑身錾刻有花卉鸟兽缠枝纹、龙纹、人面狮身。图 3 是嵌宝石女士藏刀，通长 24 厘米，钢材上好，刀柄配以铜饰，刀鞘的制作也十分精细，嵌有绿松石和红珊瑚并镶有鳄鱼皮，均为西藏博物馆藏品。

刀，最初的功能是人们为了更好地改造自然环境和适应生存需要而产生的一种工具。藏刀的传统功能主要是用于切割肉类食物和防身，随着社会文化的进步与发展，藏刀也具有了宗教信仰、情感交流、服饰装饰等多种功能的文化内涵。如藏区修建白塔时，习惯将藏刀埋藏在塔下，并认为这样可以镇压邪魔，有些地方藏刀还是男女青年交往的信物。同时，藏刀也是康巴地区男女服饰中不可缺少的一种配饰。

藏区有这样的一种说法："身上无四青，不为男儿。"佩带藏刀就是一青。藏族人佩带的藏刀一般依据性别来分类，短款并镶嵌有各色宝石的为女士用刀，它既可以当进食器，同时佩带在腰间还有一定的装饰效果。而男子用刀则分为两类：一类长款，一般只做银质刀鞘，上面錾刻龙纹或缠枝纹，一般横挂在男子的后腰部以显示其勇猛；此外，还有一柄短款的，长度比女用的长一些，但主要是作为进食器使用，也没有过多的装饰作用。[25]

藏刀的锻造、磨砺、雕刻等各种工序都有着完整的独特技术。如在淬火时，利用西藏特有的酥油、羚羊血和藏青果进行处理的做法就非常独特。[26]

藏刀的种类繁多，不同地区的藏刀形制、装饰殊异。藏族同胞佩带藏刀，除了实用之外，还是一种身份和地位的象征。藏族有句谚语："藏族姑娘的财富在头上，藏族头人的财富在刀上。"钢材及锻造工艺是评价一把藏刀优

25.《藏族食具分类与文化内涵》，索朗卓玛，《西藏艺术研究》2010 年第 4 期。
26.《藏刀的文化功能研究》，孙红岩，《南宁职业技术学院学报》2010 年第 5 期。

劣的先决条件，刀鞘则是展示藏刀持有者身份的条件。一般情况下，刀鞘可分为木鞘、铜鞘、铁鞘、银鞘、鎏金鞘等，多数是包黄铜、白铜，甚至包白银、镀金等，上面刻有精美的飞禽走兽及花草等各种图案，有的还镶嵌各种金属饰件或宝石，尽显华丽富有。刀鞘的图案讲究在纷繁中体现出节奏感和韵律感，将疏密、大小、主次、虚实、动静、散聚发挥到了极致，做到整体统一、局部变化，局部变化服从整体效果，这更增加了佩饰中图案的层次和内涵，充分体现了藏族佩饰的艺术美与形式美。高档的藏刀还会在刀柄处用金、银、铜丝等缠绕，以防脱落。

第三章

唐卡

人类起源图唐卡

十一面千手千眼观音量度图唐卡（20 世纪）

　　量度是制作佛像或绘画佛像时要把握的精确的比例尺度。绘画出理想中佛陀的庄严妙好，是一个画师毕生的实践与追求。"三经一疏"（指《佛教造像量度经》《造像量度经》《画像》和《佛教造像量度经疏》）是藏传佛教美术理论中的基础纲领。它规范了佛、菩萨、诸天神、大圣、罗汉和上师等身像的手印、标识、立姿、坐姿的尺寸和技法，学习绘制量度图是唐卡学徒的必修课。

　　《造像量度经》所载的比例尺度基本单位有麦、足、指、搩（拃）、肘、寻六种，有大中小之别。一麦分为一小分，二麦为一足（十分），四足为一指（畅），十二指为一怍（大分），二怍为一肘，四肘为一寻，即一度。但常用的量度是"指"和"怍"。"指"是中指的宽度，"怍"是指大拇指与中指张开之间的距离。一旦掌握了这两个基本度量单位，画师即可以在任何大小的画布上，以自己的手指为工具进行度量比较，既方便又实用，放大缩小可按比例，随心所欲，自如运用。

在西藏地区以外,甚至是国外许多艺术家眼中,造像量度严格的法度标准对于佛像造像师和唐卡画师来说是一种创造力的束缚,但是在西藏传统造像师和唐卡画师家眼中,造像量度反而成就了他们对于藏传佛教造像绘画和制作的创造力。西藏造像艺术家们严格遵循着造像量度经所表述的三十二相和八十随好,诠释着造像量度的技法,其实这是一种理想之美,艺术家们的实践也永远只是在接近这种理想。

观音菩萨是藏传佛教供养最早和最重要的一位神灵,藏族将观音菩萨崇信为"雪域祜主",同时还把统一青藏高原、建立吐蕃王朝并引进佛教的藏王松赞干布和藏传佛教格鲁派活佛达赖喇嘛奉为观音菩萨的化身。观音菩萨有多种化身,十一面观音是密宗六观音之一,在六道轮回中是救度阿修罗道的大救主,也是传入西藏最早的身形。

唐卡及造像中的十一面千手千眼观音通常头面排列分为五层,第一层至第三层各有三面,第四层和第五层均为一面,每一层每一面都有特殊的意义,前三面为大慈相,是菩萨看见行善的众生时生出的慈心,呈慈祥和安乐的样子;左三面为嗔怒相,是菩萨看见行恶众生时生出的悲悯心,示现为大悲愤怒的样子;右三面为白牙上出相,是菩萨见到修持善法、清净诸业的众生时所发出的赞叹和劝勉精进相;最后一面是暴笑相,是菩萨见到善恶掺杂、净秽交织的众生时,为了使他们改恶从善,去污存净所生出的怪笑相,还表示教化众生需要极大的威严和大欢乐,方能成就圆满;最顶上的佛面,是为修习大乘佛法的众生所示现的说法相。十一面观音的前后左右十面代表大乘菩萨修行的十个阶位,即十地。十地修习的内容分别包括施、戒、忍、愿、力、智、精进、精虑、般若、方便等十项,最上面的佛面则代表第十一地佛果。关于十一面观音菩萨的形象,历代佛教徒所绘制的有所不同,有的认为十一面观音中，前左右各有三面，是象征度化三界一切众生，其中寂静相的三面，表示清净修行者的三毒，即贪、嗔、痴；忿怒相的三面，表示破除阻碍善男善女正道正行的三种业障；利牙相的三面，表示破除恶障恶魔人等外道的三大业障，后面的笑怒相，表示断除三毒之后必得一切智慧。

图中十一面千手千眼观音量度图唐卡长 59 厘米，宽 43 厘米，是原西藏博物馆画师的作品。画师用 13 条经线、26 条纬线和 6 条弧线勾勒出十一面千手千眼观音各部位的精确尺度，画工精细，佛面庄严妙好。

人类起源图唐卡（17~18 世纪）

图 1. 人类起源图唐卡

图 2. 人类起源图唐卡局部

有关人类起源的追问，从汉族先民的"女娲造人"到西方的"亚当夏娃"，每个民族都给出了独特的解释。"猕猴变人"是西藏人类起源故事中流传最广的原生记载，这一观点被藏传佛教吸收后才有了西藏人类起源题材的壁画、唐卡等作品面世。

成书于公元14世纪的《国王遗教》中记载：藏族人的祖先是由观世音菩萨的化身（父亲猕猴绛曲赛贝）和至尊度母的化身（母亲罗刹女）结为夫妇，生下六只猴崽，后繁衍众多，逐渐演变为赛、穆、顿、东四氏族，后来又增加惹、柱两个氏族，通称为"六大氏族"。《贤者喜宴》中也记载：慈悲之主观世音菩萨看到雪域外的饿鬼、畜生等众生，认为投身人间的时机成熟了，便幻化为一猕猴在岩洞中静修。一罗刹女来到此地，给猕猴暗送秋波，如此每天纠缠，猕猴始终不动心。随后罗刹女变为人间美女，启请与猕猴结为夫妻。猕猴回答道："我乃是神圣居士，如此不可，请你走吧！"罗刹女痛哭流涕叹道："我因作孽投身为罗刹女，现恋爱于你，才向你表达此意，你若不与我结为夫妇，我势必要与一位魔鬼结合，每天杀害万余众生，魔子将遍及世间，最终使藏地变成魔域，吃尽世间一切众生，故请你三思而行。"猕猴心怀慈悲，但却无可奈何，遂后向观世音菩萨请示如何才好。观世音菩萨说道："你与其结为夫妇，便会成就伟大的利他之业。"

猕猴听从了观世音菩萨的指示，与罗刹女结成夫妻，并生下了六只猴崽。这六只猴崽分别从六道轮回之生灵投胎而来，因此相貌、性情各不一样，从地狱投胎的生灵，面色黑暗，能吃苦耐劳；由饿鬼处投生的猴崽，相貌丑陋，贪吃爱喝；由畜生处投生的猴崽，粗笨慵懒，性情顽固；由人世间投生的猴崽，见多识广，细心小气；由非天投生的猴崽，身体健壮，容易妒忌；由天生处投生的猴崽，深谋远虑，性情善良。

这六个猴崽被他们的父亲送到一个叫作那玛夏措尖地方，那里果实遍地，数年后，当猕猴前去探望时，最初的六个猴子已经发展到了四百余非人非猴类，而山上的果实早已吃完，众猴子嗷嗷待哺，饥饿难耐，其情景惨不忍睹。猕猴请求观音菩萨拯救他们，观世音菩萨从须弥山缝隙中取出青稞、小麦、豆子、荞麦、大麦等五谷种子，撒向大地，众猕猴食五谷充饥后，身体逐渐发生了变化，体毛变短，尾巴消失，最终变成了藏民族的始祖。

整个故事用猕猴与罗刹女做对比，猕猴代表了善，罗刹女代表了恶，结合后所生六子用六道轮回中不同投胎者的性情分为善恶，像父亲猕猴的性情驯良、信心坚固、富悲悯心、极能勤奋、心喜善品、出语和蔼、善于言辞；像母亲罗刹女的贪欲填患、俱极强烈、从事商贾、贪求营利、仇心极盛、喜于讥笑、强健勇敢、行不坚定、刹那变易、思虑烦多、动作敏捷、五毒炽盛、喜窥人过、轻易恼怒。通过这样的对比来揭示人类不同的性格与善恶同体的弱点，也就是说人都有佛性和魔性，近佛者善，近魔者恶。

人类起源图唐卡（现藏于西藏博物馆），用神、魔、猴、人类以及人类从事狩猎、农耕、迎接第一代藏王聂赤赞普、生老病死、建寺供佛、房屋桥路的修筑等场景，集中反映了人类的起源与各项事业发展的画面。有关西藏人类起源的内容不仅绘画在唐卡中，布达拉宫和罗布林卡等处的宫殿壁画中也有相关内容。

多吉丹佛塔唐卡（17~18 世纪）

图 1. 多吉丹佛塔唐卡　　　　　　　图 2. 多吉丹佛塔唐卡局部

多吉丹是梵文金刚座的藏语音译，金刚座一词源于公元前 5 世纪释迦牟尼在印度迦耶菩提树下证悟成道时所用的台座，因其稳固之特性，且具有金刚不坏之意，故被称为金刚座。唐玄奘在《大唐西域记》卷八中记载："菩提树垣正中有金刚座"，所指正是此座。多吉丹佛塔是藏传佛教绘画中常见的塔群图，佛塔起源于印度，最初建塔主要用于埋藏、供奉佛陀和高僧的舍利，形制也比较单一。后来随佛教的发展逐渐出现了与佛祖本生故事有关的善逝八佛塔、具有西藏特点的噶当塔、结合中原亭、楼、阁等建筑形式形成的楼阁式塔、密檐式塔、金刚宝座塔、亭阁式塔、花塔、过街塔、经幢式塔等多种形式。阿育王时期在迦耶修建的摩诃菩提大塔是最早的金刚宝座式佛塔。

佛教在印度的发展经历了 4 个时期，即原始佛教时期（公元前 6 世纪到公元前 4 世纪中叶）、部派佛教时期（公元前 4 世纪中叶到公元 1 世纪中叶）、大乘佛教时期（公元 1 世纪中叶到公元 7 世纪）、密教时期（约 7 世纪到 12 世纪）。所谓佛教密教时期是指密教占统治或主导地位时期，尤其是公元 7 世纪中叶密教分化产生金刚乘、时轮金刚乘后，印度迦耶的金刚座佛塔宗教寓意主题不仅是佛陀证悟的道场，也成为金刚乘密宗修菩提心的重要道场，由此金刚座佛塔也开始盛行于世。

金刚宝座塔的基本型制是五座佛塔同筑于一个台基上，正中是一座高大的塔，东西南北四角各立一座比中央大塔矮小的塔。在我国，这种塔形最早出现在北魏时期的云冈石窟壁画中，与印度迦耶大塔的不同之处是五塔分离，不在同一基座上。西藏地区出现五佛塔的实例，在《贤者喜宴》及《柱间史》等文献中均有记载。《柱间史》中还明确提到松赞干布曾填湖修建五个顶宝塔以安置五方佛与五佛母。谢继胜教授认为这是密宗金刚乘教义中五方佛思想与金刚宝座塔的最早结合。按《秘藏记未》上称："五佛座，金刚界五佛之宝座也。"这就是佛经所说的金刚界有五部：佛部（中）、金刚部（东）、宝部（南）、莲花部（西）、揭摩部（北），每部有部主，中为大日如来佛，东方不动如来佛、南方宝生如来佛、西方阿弥陀佛和北方不空成就佛。明永乐年间，西梵僧班智达将金佛五躯与金刚宝座塔之式一同供入宫廷，即体现了"五佛分为五塔"的理解。明清之际，盛行的金刚宝座塔已用五方佛思想替代了早期的佛成道主题。

多吉丹佛塔唐卡（长105.5厘米，宽83厘米，现藏于西藏博物馆），线条工整流畅、色调活泼鲜亮、变化丰富缜密，具有典型的勉唐派绘画风格，画面中人物、图案、故事场景众多。主塔居中，中央有一尊释迦牟尼等身像，小塔林立四周。众佛、菩萨、金刚供养天女等图像均用工笔微画手法绘成，画中共有1000多个佛龛，内有1000多座佛像。有的人物高度不及1厘米，但仍眉目清秀，舞姿神态被描绘得栩栩如生。

大威德金刚唐卡（18~19世纪）

大威德金刚在梵语中称"雅曼达嘎"，意为降阎摩尊。大威德金刚是藏传佛教寺院中常见的护法神像，也是格鲁派寺院中主修的本尊之一。对大威德金刚的供奉与修持，可以降服恶魔（这里的恶魔主要指阻碍修行佛法的外敌和困难），并以智慧力摧破烦恼业障，使众生从无明中获得解脱。

关于大威德金刚的来源，在藏传佛教中有一则传说：文殊菩萨为了制服狰狞恐怖、四处杀戮的阎摩，便化身为牛首人身的大威德金刚。大威德金刚面相忿怒，比阎摩的形相更为恐怖，除了牛头之外，还有九面愤怒相和一个菩萨的原型面孔。大威德金刚来到被称为死亡之城的阎摩宫殿，这座宫殿共有三十四扇窗与十六道门，忿怒的大威德金刚内心却充满了慈悲，以大智慧施展出三十四臂和十六足，封锁住阎罗宫殿的所有门窗，接着开始调伏阎摩，对他宣讲佛法，最终使其皈依佛教，成为重要的佛教护法。最早将大威德金刚教法从印度引进西藏地区的是11世纪藏地佛法大成就者兼大译师热·罗多吉扎，随后这种教法被诸宗派吸收。

大威德金刚的形相和修法有很多种，常见的有两臂、四臂、十八臂、三十四臂等，有单体的，也有双身的。其中最能代表其修法的是三十四臂双身形相，这也是其最复杂、最恐怖的一种形相。

图中大威德金刚唐卡（长60.5厘米，宽40.9厘米，现藏于西藏博物馆），是文殊菩萨化身相中的三十四臂大威德金刚形相，其特征是九头三十四臂十六足。大威德金刚第一层正面相是忿怒狰狞、须眉炽燃、龇牙吐舌、势吞三界的牛头，牛头头戴骷髅宝冠，头顶长着一对代表佛法二谛的犄角，在犄角的左右两边还有6面同样的牛头，每头都有3只眼。犄角上方是第二层中的愤怒明王，第三层为文殊菩萨头面。大威德金刚的主臂双手交握金刚钺刀和嘎巴拉碗，两者碰触在一起代表"悲智合一"。其余三十二只手臂分别执握铃、杵、刀、剑、弓、瓶、索子、钩、戟、伞、盖、骷髅等法器。大威德金刚胸挂五十湿人首项链，以左弓右屈的威姿脚踏着八人八物，象征着降服修法中的邪魔和愚昧。三十四臂大威德金刚身相的整体寓意是指精通三十七道品，彻悟十六性空，障魔消尽，成就殊胜，得到大解脱。

藏传佛教护法神众多，有善像、怒像也有善怒兼具像。类似于大威德金刚这样的忿怒护法神并非恶鬼，而是由佛、菩萨故意变化而来，或是被降服后的魔头变成的护法神。这种忿怒、怖畏的护法神形象主要是起到摧破和震慑的作用。

黑唐，藏语称"那唐"，是唐卡绘画中着色、技法较为独特的一种绘画形式，主要是以黑色为画面基底，用金色进行线条勾勒，点缀少量色彩或象征性地晕染出人物和景物的主要结构及明暗关系。这种以虚代实的表现手法，既突出了藏传佛教中神灵造型的威猛、强悍、庄严和神秘，又强化了黑唐深沉、空灵、玄秘的宗教意蕴。黑唐绘画形式是佛教密宗文化传入西藏后的一种文化表现的升华，其绘画题材常见各种忿怒的护法神像，多供奉在寺院的护法神殿中而成为一种庄严法器。正是因为这种别具一格的艺术表现形式，具有浓烈的地域特色、神秘的宗教意蕴、质朴的民族情愫和深刻的人文精神，才广泛流播于藏传佛教文化圈内，成为高僧大德、学士名流习于供养的珍藏品。图中大威德金刚唐卡，从绘制手法来讲，就属于黑唐。

时轮坛城图唐卡（18~19 世纪）

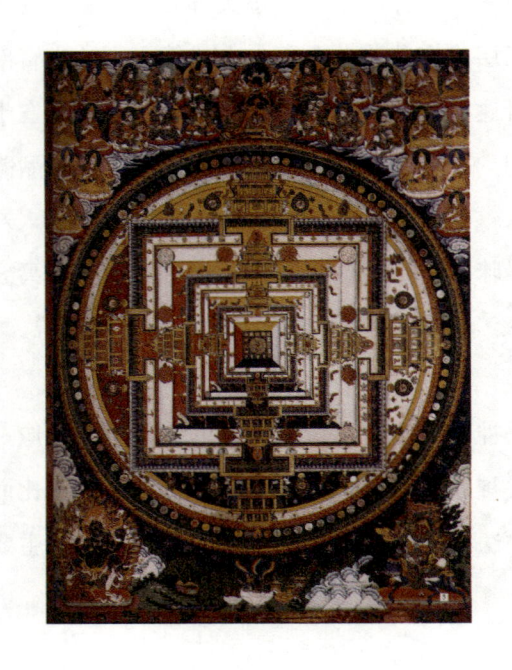

曼陀罗是梵文音译，意为"坛城"。相传，在古印度，密教修行者为防止魔众干扰，而在修行场地画上一个圆圈或筑起一个土坛作为坚不可摧的修行道场。至阿者黎授戒弟子或国王即位时，曾邀请过来自东南、西南以及过去、现在、未来十方三世诸位神佛亲临做证。根据这样的传说或记载，后人开始尝试用建筑和绘画等艺术形式，塑出或绘出诸佛和菩萨的次位及形象，形成了佛教密宗中表现宇宙模式的神秘图形。密教的曼陀罗是在吸收显教理论和

外教天神崇拜、咒术、供养方法等仪式的过程中，逐渐组织化、系统化，最终形成的构图多样、内涵复杂的曼陀罗文化，成为佛教体系中一切最高层次和最深远境界的图像。[27] 根据空间维度坛城分为平面坛城和立体坛城，其设置方式涵盖了绘画、雕刻、造像、建筑等多种艺术类型，但作为宗教的神圣道场，它呈现的仍是一种轴线对称、九宫分隔、方圆并济的祭坛建筑。

9世纪下半叶吐蕃王朝瓦解，西藏出现分裂的社会格局，藏传佛教的发展却呈现出"百花齐放、百家争鸣"的局面。13世纪时，萨迦派领袖人物萨迦仁青坚赞，聘请尼泊尔画师来到西藏，亲自主特并参与绘制了著名的一百三十二品坛城图。此后，佛教密宗坛城艺术在藏区以不同形式被普遍应用于佛教寺院殿堂、壁画、唐卡、建筑彩绘、观修、祭祀、供养等方面。这一时期，坛城成为寺院殿堂、回廊、佛塔、龛室、壁画的重要表现内容和相对独立的艺术形式，并以数量的规模化和密集型为特点，使藏传佛教密宗艺术发展到鼎盛。其中，萨迦的坛城壁画最负盛名。

坛城题材的唐卡，在多重文化的影响下，逐渐摆脱了印度的图式和寓意，形成了藏传佛教密宗文化中独一无二的表达方式，也是最重要的一种供奉和观修形式。坛城唐卡在藏区普遍存在，每一种坛城唐卡画面中的造型与色彩所表达的象征意义不尽相同。坛城唐卡主要以凸显宇宙的整体结构为要点，一般是要具有中心圆（或中心），四方大门，外围的圆轮，还有最外部的方框，这些都是坛城中汇集宇宙各部神圣力量的基本要素。

图中的时轮坛城图唐卡（长103厘米，宽78厘米，现藏于西藏博物馆），是勉塘画派的作品。画面配色呈现出上黄下蓝、左白右红的冷暖对比，寓意深刻。画面结构用方、圆、几何图形，以夸张的想象力和高度的概括力，将天地、方圆、生死、无常完全对立的事物合二为一，呈现出坚不可摧的诸佛

27.《金刚座宝塔与曼陀罗文化考略》，李光明，《法音》2004年第2期。

和菩萨居住的香巴拉世界。坛城表现的虽是神佛的居住世界，宣扬的却是人们心理向往的精神世界。作为修行道场它云集了诸神之力量。供养坛城，可让修行者通过坛城的观想达到与诸佛、菩萨形成合力，并研修"三密"（身密、语密、意密）来感知宇宙万物的本性，从而达到即身成佛的证悟境界。坛城题材的唐卡，无论是在寺院中还是在家中的佛堂里均有供奉。坛城绘画可以说是将佛教的思想、哲学、美学、工艺学一切审美的结果汇集于天圆地方的世界之中。

天体星球运行图唐卡（1684年）

有关天文历算内容的唐卡被称为"孜塘"（即"明算"），唐卡画面主要反映日月星辰等天体在宇宙中的分布、运行及宇宙结构等内容。通过对宇

宙星体的运行规律及位置可了解气候变化、事物发展，并以季节变化的各种数据准确计算推算出藏历历法中的年月日时。唐卡内容的实用性反映了古代藏族人民观察星象的科学水平。

公元7世纪以前，西藏先民们就积累了关于自然界周期变化的规律，各地流传着有关物候历的许多谚语，如观察禽鸟和植物是珞门法，观察水和雪是登巴法，观察星和风是藏北法，观察日月是岗卓法。这则谚语反映的是不同地区对于物候观测的特点，也是藏族天文历算形成的基础。公元7世纪，文成公主进藏时带来了大批历算书籍，松赞干布也曾派专人到汉地学习测算生死和推算时节，学成后返回吐蕃并将所学到的占卜历算之法全部翻译成藏文；710年，金城公主到吐蕃后邀请汉地著名的天文历算学家土华热纳波等多次到吐蕃，把《算学七续圣典》中关于五曜、八卦、九宫、七曜、二十八宿等解释翻译成藏文。这是汉地的历算学在吐蕃最早的传播。公元10世纪，时轮历算从印度传入藏区，并由藏族著名翻译家觉达瓦维色将《时轮经》有关内容翻译成藏文。藏族历算学家在继承原有的天文历算基础上，吸收借鉴了汉地五行算及印度的时轮历算学说，逐渐形成了以时轮历为主体的藏族天文历算体系，并传承至今。

藏族天文历算作为一门边缘学科，经历了早期的口耳相传，7世纪的祖传师授，13世纪的寺院教学等不同发展阶段。其中，在寺院设置专门的时轮学院，开设学习天文历算的课程，这种传承方式也是藏族历算传承的一大特色。

图中天体星球运行图彩绘唐卡（长157厘米，宽142厘米，现藏于西藏博物馆），根据天体星球运行图唐卡铭文的提示，从绘画时间、绘画格局及绘画技法分析，应是由某一寺院的时轮学院高僧根据《白琉璃》（第司·桑结嘉措著）的记载绘制而成。

人体胚胎形成图唐卡（18~19 世纪）

图 1. 人体胚胎形成图唐卡

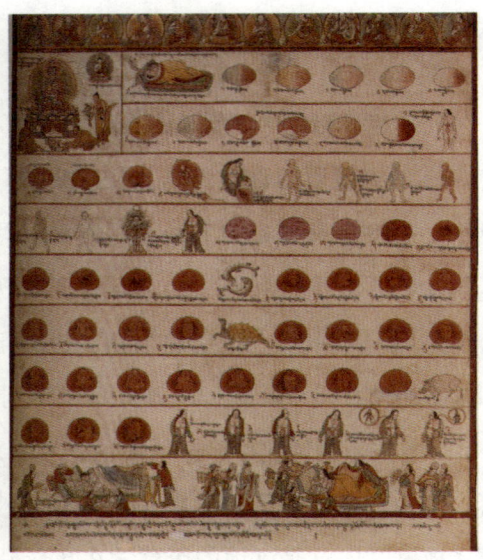

图 2. 人体胚胎形成图唐卡画心

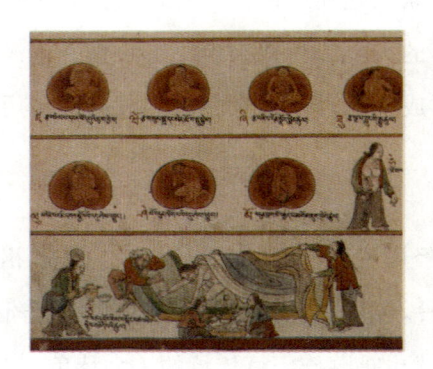

图 3. 人体胚胎形成图唐卡局部

  人体胚胎形成图唐卡是 80 幅藏医学唐卡中的一幅。藏医学唐卡又称"曼唐"，"曼"意为医药、"唐"意为挂图。该类型唐卡的特点在于它的图文并茂，给人以直观的学习研究兴趣。

  据史料记载，公元 8 世纪，赞普御医宇妥宁玛·云丹贡布在总结传统藏医药理论、治疗经验的基础上，吸收中医、古印度等医药学精华而编著了《四部医典根本部》藏医典籍。初次启用了"树喻"的教学形式，以"愿望树"的根、干、枝、叶、花、果来描述整个藏医药学的理论体系，包括基础理论、临床各科、诊治方案、药物配理及养生方法等内容，为藏医药的教学奠定了基础。公元17世纪，五世达赖喇嘛的第四任摄政王第巴桑杰嘉措组织众多藏医学家和唐卡画师，通过尸体解剖、事物考察，在《四部医典根本部》"树喻"教学的基础上，开始用唐卡的形式传授与展示藏医药学文化的内容与特点，系统地绘制了《四部医典系列曼唐》（79幅）。20世纪80年代，西藏藏医院院长钦绕诺布又增绘了《〈四部医典系列曼唐〉传承上师名医位和护神画像》，从而形成了著名的藏医药80幅曼唐系列挂图。整套医学唐卡详尽阐释了医学理论、人体构造、生理功能、病因病状、诊断方法及治疗原则，还包括药物的种类、性味及用法，以及饮食、起居及卫生保健知识，行医道德准则等内容，并以5000余幅小图的形式进行绘制。其卷幅之多、内容之广、构思之巧、画工之精堪称世界医学界的一朵奇葩。目前，这套80幅医学挂图已被西藏藏医学院、青海大学藏医学院和青海省藏医院等教学、医疗机构正式使用。

图中人体胚胎形成图唐卡（长77厘米，宽63.4厘米，现藏于西藏博物馆），就是将胎儿在母体中从形成到分娩，怀胎十月的整个过程，用绘图的形式表现出来。更可贵的是，藏医学史上还将胎儿的发育阶段比喻为"鱼期、龟期、猪期"，与现代医学胚胎发育理论几近一致。这一科学的见解及呈现形式不仅在我国医学史上十分罕见，在世界医学史上也是屈指可数的。此幅唐卡是整套藏医学唐卡中的一幅，弥足珍贵。

白度母堆秀唐卡（17~18 世纪）

图 1. 白度母堆秀唐卡　　　　　　图 2. 白度母堆秀唐卡局部

度母是藏传佛教密宗中常见的本尊神之一，又被尊奉为众佛之母，是大彻大悟的佛和解脱者的象征。度母的形象代表了藏传佛教中崇高的女性形象，在藏区被普遍供养。

度母有二十一种化身，每一种化身都具有各自的特点和功力。佛教典籍中记载了有关度母证悟成佛的故事：相传在很久以前，有一位名叫智慧月的公主，广泛供奉佛陀，祈求保佑，最后证得了菩提心，僧侣们建议说，"如果你想使你的行为完全符合教义，并为佛法而祈祷的话，你需将你的外形更换为一个男人才是"。在经过一段时间的考虑之后，她告知僧侣们"如今世界无男女之分，故区别男女的思想也是无意义。这一虚幻的世界真正是被这种思想所蒙骗"。接着她誓言："有许多人都想用男人身躯证得觉悟，但很少愿意用女人身利乐众生，故我要以一个女人的身躯利乐众生，直至轮回空寂。"后来她果然证得了佛果，成为众佛之母，在佛教中享有很高的地位。这则故事生动形象地说明了度母这位具有神秘色彩的佛教女神，其原型是一位胸怀大志，百折不挠的女性。她冲破男性社会的重重阻力，潜心修持佛法，向世人证实了女性同样可以成佛，从而赢得了女人应有的地位，实现了女性自尊的价值，成为历史上女性的光辉典范和楷模。但是她后来被神化，披上了神秘主义的面纱。度母常常以一种消灾去祸保护神的姿态出现，佛教认为她能使众生从八大灾难中解脱出来，这八灾包括水、火、犯人、强盗、大象、老虎(或狮子)、毒蛇和精灵等的威胁。

如果人们经常念诵度母祷文颂词，就会处处得到她的保佑，免除灾祸。荣格在他的心理学学说中认为，"度母代表母亲原型，她是母亲的意象，在她身上包含了一切积极和消极的对立面"。因此，荣格的弟子埃利克·诺曼认为，"度母象征着女性原型的顶峰，她是伟大的至高女神，当她完全显现时，充实了整个世界，从她的最初阶段至最高精神的转化"。根据荣格的观点，度母代表着具有博大胸怀和无私奉献精神的母亲形象，是整个宇宙无所不在的力量，是精神的最高象征。

堆绣工艺始创于青海省的藏传佛教圣地塔尔寺，与壁画、酥油花（油塑）一起并称为该寺的"艺术三绝"。堆绣唐卡主要以佛像、神话人物、仕女、花鸟、吉祥图案等为表现对象，以丝、麻、棉、毛等织品为材质，经过剪、贴、裹、堆、绣、染等工序绣成，具有极强的工艺性和鉴赏性。堆绣唐卡作品讲究各色绸缎搭配，色彩鲜明、对比强烈、技艺精湛。堆绣唐卡与其他绘画唐卡一样，首先必须有一个草图和样本，并按照一定的比例与规格制作，关于这种特定的规格，在《佛说造像量度经》上有明确的记载。堆绣的制作工艺较为复杂，首先把要堆绣的图案等内容手绘（印刷）在纸上，然后将各部位图样剪下来，再选好相应花色的锦缎，照样剪下，分组粘贴、熨烫、缝合起来，最后将完整的画幅组装在白布上，再缝一块与堆绣面积相同的黄缎护帘罩在上面。堆绣的具体艺术表现形式有两种：一种是用彩色的绸缎粘压在事先剪好的纸张模型上，然后依次堆贴，作品的背面可清晰地见到堆贴、粘压的痕迹；另一种堆绣的制作工艺是在绸缎中填充棉花或羊毛，使画面出现立体效果，这项工艺需要在粘贴的同时，用相应颜色的线围绕裁剪下来的布块边缘缝制，即锁边，以防布块因受潮而翘起，使整个作品比堆贴更加稳固结实，工艺也比堆贴更复杂，作品主体突出，对比强烈，质感饱满，做工讲究，具有浮雕的艺术效果。

图1白度母堆秀唐卡，17~18世纪，长144厘米，宽107厘米，现藏于西藏博物馆。

不动明王缂丝唐卡（12~13世纪）

图1. 不动明王缂丝唐卡　　　　图2. 不动明王缂丝唐卡局部

从佛经上讲，所有神祇都有自己不同的来源及宗教功能。明王是佛、菩萨为了教化受魔障遮蔽的众生而变化的一种变身像。不动明王是大日如来的愤怒形象，据说他能降服一切魔众。"不动"并不是不能动弹的意思，而是指他在成佛前，曾立下宏愿要作为大日如来佛的童仆为大日如来尽各种义务，即便是成佛了，仍不改变初衷继续以童仆形象教化众生而呈现，所以又被称为常住金刚。

图中不动明王缂丝唐卡（长90厘米，宽60厘米）是西藏博物馆织绣唐卡藏品中时期最早的一幅。另外，同一时期的缂丝唐卡作品还有西藏博物馆珍藏的《贡塘喇嘛》缂丝唐卡和拉萨布达拉宫珍藏的《除魔金刚》缂丝唐卡。图中的不动明王身相呈蓝色，右手上举持降魔宝剑，左手在胸口前施威慑印并挥舞金刚索，头饰三重冠，发系两条蓝蛇，宝冠中安坐蓝色不动如来像。不动金刚三目圆睁、獠牙怒目、白龙缠身、腰系虎皮短裙，于双色莲花座上呈左跪右屈姿势。不动明王的右上角是萨迦五祖中的第一祖萨钦·贡嘎宁波（1092~1158年），左上角是萨迦五祖中的第三祖扎巴坚赞（1147~1216年），右下角是三头六臂金刚妙音佛母。左下角是三头八臂摩利支天。不动明王的上方一排是五方佛，下方一排是宝帐护法、度母、四臂观音菩萨、尊胜佛母和吉祥天母五尊。唐卡中有两段题记，上段是藏译的梵文颂词，下段是藏文题款内容，记述了该唐卡是由江尊追查制作并送给其师扎巴坚赞的。根据唐卡画面结构、画面内容、呈现风格及题记记载可以推断，这是一幅以尼泊尔唐卡绘画风格作为画稿，采用缂丝工艺织造，形成于萨迦派扎巴坚赞时期的工艺唐卡。

缂丝是一种古老的丝织工艺，亦称"克丝""刻丝"。用"通经断纬"的织造方法，将百余种彩色纬线自由过度织成正反如一的图案，如雕镂之像，具有色彩华丽、风貌典雅、层次分明、富有立体的艺术效果。能经受摸、揉、摺，这是其他丝织物不能比拟的，故有"织中之圣"之称，自古以来一直是帝王权贵们追捧的对象。我国的缂丝工艺最早是由新疆地区的少数民族在中国传统丝织工艺的基础上，吸收了西方织毯技术的工艺特点，通过"通经断纬"的织造方法与蚕丝相结合而产生的新的丝织品种，并随着回鹘民族的内迁及与汉人的杂居而逐渐传入内地。[28]

唐代缂丝主要用于书籍装饰，到五代时开始纺织书画。宋代是缂丝工艺发展的鼎盛时期，缂丝作为皇家御用织物主要用于服饰、装裱及室内陈设，存世精品极为稀少。元朝时期由于统治者高度崇奉藏传佛教，汉藏之间的文化交流空前繁盛，元代丝织品传入西藏的规模和数量也是远多于唐宋时期。元代宫廷曾专门制造藏传佛教缂丝唐卡，其中一部分作为赏赐给西藏的寺院及上层人物，另一部分用于宫廷佛事活动。由于佛教缂丝品承载了虔诚的信仰，缂织时必然务求精良，殊加精致。

红阎摩敌绢唐卡（17~18 世纪）

图 1. 红阎摩敌唐卡　　　　　　图 2. 黑阎摩敌坛城图中的黑阎摩

28.《论苏州缂丝的艺术特色》，李建亮，2004 年苏州大学硕士论文。

无论是在婆罗门教、印度教、印度佛教、汉传佛教、藏传佛教还是道教中，都有一位主宰人间生死大权的死神，即"阎摩"，民间也称之为"阎王""阎罗王""阎王爷"等。

据印度最古老的诗歌集《梨俱吠陀》中记载，早在3500多年前的吠陀时期就已经出现了阎摩的形象。诗歌中记载的阎摩，本是人世间的第一个凡人，阎摩死后成为引导后来死者通往冥界的冥界之王，久而久之阎摩也成了主宰人类命运并掌管阴间事务大权的主宰者。诗歌中记载的冥界基本上属于一个极乐世界，进入冥界的亡灵只需要先将一切罪愆、瑕疵除去，并没有阎摩对生前善业恶业的审判。阎摩被引入印度教以后，在业报轮回思想的影响下一直作为重要的死神出现，并主张实现灵魂在生死轮回中解脱。阎摩神祇传入中原后，同样被道教吸收为掌管人间生死簿大权的神，但道教中的阎摩已经具备对亡灵的审判职能，阎摩可以根据亡灵生前的善业判定其升仙或下地狱。在公元5~6世纪，佛教也开始将这位主宰人类生死大权的神祇收归帐下，为了显示佛教对死神强有力的控制以及佛教较印度教的优越，还创造了专门制服阎摩死神的神祇，即"阎魔敌"。实际上，佛教中的阎魔敌基本沿袭了印度教中阎摩死神的职能，即对亡灵去向的仲裁。

印度教中阎摩和佛教中的阎魔敌争夺的是肉体死亡后的灵魂再生永恒的大权，并以此激励信徒们从肉体死亡中摆脱出来，去追求精神的最高觉悟和快乐的永恒。这就是佛教收编、改造阎摩，又创造其终结者这一系列象征行为的真正含义。所以，佛教里早期的阎魔敌形象与印度教中的阎摩形象一样，都是牛头人身的形象，只不过手持物更加复杂化。阎摩敌这一神祇随着佛教传入西藏后，又有了新的起源传说和造型。藏传佛教中的阎魔敌，传说是被文殊菩萨降服后成为佛教的重要护法神，称之为"阎摩护法"，即"阎摩的征服者"，具有终结者的意思。阎魔敌的形象经过演变又化作象征阎摩的大水牛踏于足下，作为坐骑，以示将其降伏，并驱使其效命。[29] 藏传佛教中的阎摩敌有外修、内修和密修三种身形。

在藏传佛教中，对阎摩敌唐卡的供奉，主要是制服修行者内心的魔障，如恐慌、仇恨、傲慢和嫉妒，从而保持他们精神和情感的纯洁专一。密修阎摩主要帮助修行者从其心灵深处激发出精神的力量，超脱自我，达到觉悟的境界。对阎摩敌而言，修行者要达到真正解脱，获得觉悟，就意味着他要直面死亡，在死亡来临的瞬间，思想经历、自我随即消失，达到无我的境界，致使死神（阎摩）一无所获。因此，佛教中的阎摩敌一直处于比较矛盾的位置，一方面，它掌管着人类的生死大权；另一方面，它还必须帮助佛教修行者从生与死的无限轮回中纵身而出，摆脱死神对自己的控制。[30] 由此可见，一种具有影响力的神祇可分化出诸多神祇的再生，这种再生是在充分吸收、接纳、借鉴、融合原生文化的基础上而形成的。再生神祇的起源、传说、形象、手持物、坐骑，甚至连名称都有一个循序渐进的规范过程，在许久的演变中才会逐渐形成具有醒目可辨的特点。

图1 红阎摩敌唐卡（长81.5厘米，宽65厘米，现藏于西藏博物馆），一头二臂三目，呈忿怒相。红阎摩敌左臂紧拥明妃金刚伯达里佛母（印度教中称为"阎蜜"），手持嘎巴拉碗，右手高举过顶，挥舞一根饰人头和金刚杵的天杖。呈左展姿势，足踏俯卧于牛背上的印度教死神阎摩尸体。莲台呈红色和粉白相交的两色。唐卡以蓝绿色为背景色，使红色的尊神和火焰纹更加突出。图2 黑阎摩敌坛城图唐卡中的是黑阎摩形象。

29.《藏传佛教中的死神及其终结者》，罗文华，《紫禁城》1997年第4期。
30. 同上。

朗久旺丹刺绣唐卡（18~19 世纪）

图 1. 郎久旺丹刺绣唐卡　　　　图 2. 郎久旺丹刺绣唐卡局部

　　朗久旺丹是藏语的音译，意译为"十相图"或"十相自在"，它由 7 个梵文字母（读音依次为亚、热、瓦、拉、玛、恰、哈），其中"亚、热、瓦、拉"四个字，象征着四轮（风、火、水、土）、须弥山、身语意和诸本尊。7 个梵文字母与 3 个图案（日、月、圆点）一起组成了十种符号，象征着十相自在。所谓的十相自在，是指佛经中讲的自在之权，即寿命自在、心自在、愿自在、业自在、受生自在、解自在、神力自在、资具自在、法自在、智自在。从时轮经上讲，这十种符号象征着宇宙世界的各个部分与人体内部的各个部位之间非常复杂的辩证关系。修行者可通过对《时轮经》的学习领悟与对"朗久旺丹"内涵的观修，从而达到对天地大宇宙中日、月、星辰五行的运行与人体小宇宙中脉络、气穴、明点之间结构同源的圆满控制，即可摆脱时轮，获得十相自在之权。实际上，这种图案既阐述了密宗中修行的路径，又向世人宣扬了人间净土香巴拉世界的样子，从而促使信仰者发愿修学的意念。

　　《时轮经》被视为密教的最后一部经典，代表了密教思想的最高峰，它对宇宙有着最复杂、最权威的解释。自传入西藏后，西藏各宗派都十分重视对《时轮经》及时轮教法的修习。同时，《时轮经》也是藏传佛教各大寺院丁科札仓（时轮学院）内学习天文历法的基础教材。"朗久旺丹"正是根据时轮教法的义理，用字母图符的形式直观地表达了时轮经中的最高教义，故被认为是一种极具神秘力量的图符。据说，摆放、悬挂十相自在图可使周围气场自我调节，实现十个方位的时空自在顺畅，能令具信者免除刀、兵、疾疫、饥馑及水、火、风等灾难。因此，这种图案在藏传佛教中随处可见，如石刻的朗久旺丹可供奉在塔门、房门、墙壁、岩壁中；绘画的朗久旺丹也经常出现在经书插图、经夹板、壁画或唐卡中；还有可佩带在身上的刺绣朗久旺丹护身符和各种质地的朗久旺丹徽章。乾隆五十七年，为实施灵童转世的"金瓶掣签"制度所颁发的一对金瓶的腹部，也刻有朗久旺丹图案。

据张亚莎教授对古格王宫遗址密宗图像的考证，古格王宫遗址度母殿的柱头中间有一方框，框内镌刻着朗久旺丹图案，这应是西藏地区可见的最早朗久旺丹的应用。

图中朗久旺丹唐卡（画心长 69.5 厘米，宽 46 厘米）是具有勉唐绘画风格的刺绣作品，其工艺精致雅洁、空灵含蓄、风韵醉人，是西藏博物馆馆藏唐卡作品中具有典型汉藏工艺合璧艺术风格的一幅唐卡。

空行母像堆绣唐卡（19世纪）

图1. 空行母像堆绣唐卡　　　　图2. 八思巴唐卡局部中的空行母

空行母是藏传佛教金刚乘密宗中证得佛果的女觉者，也是藏传佛教神灵体系中常见的女性神之一。在佛教文献中，常赋予她智慧传授密义、成就她解脱佛徒的形象。

佛教主张的佛性不分男女、众生平等思想，让女性修行者经历了近几百年解救众生、制度化的男性中心主义、苦修厌世、解脱轮回的男女双修四个阶段，直到5~6世纪大乘佛教金刚乘密宗理论出现，才肯定了女性在成佛过程中的重要意义。这一理论提出，人人都有佛性及成佛的基因，这种佛性是本能和天生的，而非后天的，但由于众生执着无明，使这种基因不能得以发挥，这就是佛教所主张的"心性本净，客尘所染"。这一思想把女性的价值提高到与男性同等位置，将女性看作是本体世界中不可缺少的、与男性相互作用、相辅相成的方面。

佛教传入西藏后，因受当地文化、习俗、地域等因素的影响，出现了迥异的女性观。在藏传佛教神灵体系中，女神的地位显得非常突出，女神的数量也占有相当大的比例，藏传佛教中的星曜辰宿、药神中区分的天、地、水三界的药神、藏传佛教密宗供奉的空行母本尊、全藏区的保护神和护法神、各宗教寺庙的保护神，多为女性神灵。女性神灵不仅丰富了藏民族文化的内容，而且为藏民族的宗教文化增添了瑰丽的色彩。

据藏传佛教史料记载，从公元7世纪的吐蕃第一位智慧空行母化身佛学大师益西措嘉，到11世纪的智慧空行母化身觉域派祖师玛久拉仲，在藏族地区有许多女性享有空行母的殊荣和尊号，她们都是化身的转世，空行母的一种载体。可见空行母的尊号及现身形象可以是女性中的人，也可以是女性中的神。

图中空行母像堆绣唐卡（长99.5厘米，宽66.5厘米，现藏于西藏博物馆）一面二臂三眼，呈蓝色舞蹈身形，头戴五骷髅冠，颈佩骷髅项链，曲臂持天仗，裸身。右手持金刚钺刀，左手捧盛满血液的嘎巴拉碗，仰面朝天呈饮血之势，极富动感。弓步立姿，双腿右伸左曲，右踩红时女、左踏黑威德，威立于单瓣莲花座上，表现了空行母降妖伏魔的威猛气势。其主尊上方依次是萨迦贡噶宁布、萨迦班智达、萨迦索朗孜摩，下方依次为婆罗门尊者、宝杖护法、四臂贡布。

第四章

造像

铜鎏金绿度母像

铜鎏金释迦牟尼佛像（8世纪）

图1. 释迦牟尼佛立像

图2. 释迦牟尼佛立像面部特写

佛是梵文音译的简称，意译为"觉者"或"智者"。大乘佛教认为："人人都有佛性，人人都可以成佛"，所以佛的形象遍及三世十方，无时不有，无地不在。寺院里供奉的佛像既有平面绘画的又有立体雕塑的，佛像因分类或组合方式不同，呈现出多种形式，常见佛像有释迦牟尼佛、三世佛、本初三佛、五方佛、七佛、三十五佛、千佛等。

由于地缘和宗教等方面的原因，藏传佛教造像艺术与毗邻的尼泊尔、印度、巴基斯坦、克什米尔等地造像以及中原地区的汉传佛像有着千丝万缕的联系，尤其是单尊金铜造像具有易于流动，分布广泛等特点，在东西两地的佛教文化交流中，使西藏地区成为多元风格造像的重要珍藏地之一。

克什米尔位于南亚次大陆北部，中部有西段喜马拉雅山脉，群山环绕，地势高峻。其东北接壤西藏，西通犍陀罗，南临印度，地理位置处在诸多文化的交汇处，故造像风格受犍陀罗、印度笈多时代、马土腊式和萨尔那特式等多种风格的影响。尽管如此,克什米尔造像仍展现出独具特色的风格魅力。早期的克什米尔僧侣以博学善辩著称,佛学史上有名的第四次结集"迦湿弥罗结集"即是在此地举行。北魏到唐初,克什米尔有多位高僧来中国传法译经。我国汉文大藏经中由克什米尔僧人翻译的极多,对西藏后弘期佛教亦影响颇大。1339年克什米尔被伊斯兰教势力侵入,造像因此中断。[31] 传世的早期造像弥足珍贵。

图1释迦牟尼佛立像(高63厘米,宽22厘米,现藏于西藏博物馆),是公元8世纪具有典型克什米尔风格的造像。佛祖身着通肩马土腊式U字型袈裟,袈裟纹饰犹如水波纹一样被刻画得细腻、规整、流畅,且起伏较大。这种U字型水波纹佛衣的造像多见于4~5世纪犍陀罗时期,有关它的来源有两种记载:一种记载是佛祖在世时印度影坚王请画师画佛祖像,由于佛祖威严无比,画师不敢直视,最后根据水中倒影绘制出一幅画像,从此便开始出现了水波纹袈裟的释迦牟尼佛造型;另外一种记载是在藏族文献中所说的,释迦牟尼在世时,斯里兰卡一个叫作木德赤香的公主得知佛陀的无量功德,顿生敬仰之心,便给佛陀写了信,佛陀见信后,为教化公主,用其身体发射光芒,光芒照射在画布上映成画像,佛陀把画像送给了公主。据说这两种释迦摩尼佛造像是世上最早的造像形态。[32] 造像中的释迦牟尼佛像被塑造得头部浑圆、丰颐大耳、双眉高挑修长、眼帘轮廓分明、鼻梁高直、嘴型小巧优美,肉髻高矮适度,螺发平缓,颈部有三道折线。白豪及眼睛嵌银,这是克什米尔风格的特色之一,这种突出双眼,表情生动的脸部正是克什米尔造像师根据本地人种的面貌特征所做,充分体现了克什米尔民族在造像艺术方面独特的审美情趣及造像艺术本土化的特征。佛像右手上举施无畏印,表示能解除一切恐怖。左手略伸握衣角,姿态轻松自若,成微微左倾的站姿。

31.《藏传佛教造像的流派与样式》(上),金申,《收藏家》2002年第4期。
32.《西藏宗教艺术》,扎雅·诺丹西绕著,谢继胜译,西藏人民出版社1997年版。

鎏金，就是将金和水银合成的"金汞剂"涂在铜器表面，加热使水银蒸发，让金留在铜器表面，是古代传统金属工艺技法之一。鎏金铜佛像由于材质珍贵、制作不易，所以形体大多偏小而精致。图中造像，鎏金色泽纯正，属早期佛教造像之精品。

合金无量寿佛像（10~11世纪）

图1. 佛像正面　　　　　　　图2. 佛像背面

五方佛是藏传佛教密宗造像谱系中常见的一种组合造像，包括东方不动如来、南方宝生如来、西方阿弥陀如来、北方不空成就如来和中央大日如来。西方阿弥陀如来，即无量寿佛。据《大悲妙法莲华经》记载，转轮王轮辋在一千零五佛出现于世中，被授记为"无量寿佛"，是西方极乐世界的教主，又称长寿佛。无量寿佛是五方佛中单独摆放最多的一尊佛像，在藏区常常被作为祈福延寿的象征而被单独供奉。

无量寿佛的信仰和崇拜源于中亚，藏传佛教中信仰无量寿佛则受印度与中原的影响，尤其是在藏传佛教后弘期，对无量寿佛的崇拜极其盛行。14世纪时，西藏的无量寿造像逐渐进入高峰，样式以单尊造像为主流。16世纪以后逐渐出现组合像，如"长寿三尊""曼陀罗供养像""不动佛组合""西方三圣"等。19世纪以后，藏传佛教中又出现了无量寿佛的双身造像。[33]

法身、报身、化身，是佛教中一佛三身的观念。法身代表真理，在佛教造像中一般不直接表现，造像只涉及报身和化身。所谓报身，是指佛之果报身，为万德圆满之佛身，即指功德圆满的菩萨像；所谓化身，是指佛为利益众生而变现的种种形象之身，也就是说，化身是利益众生的佛像。无量寿佛在佛教神系中也有多种形象呈现，作为菩萨报身像时，常以手持长寿宝瓶的形象出现，作为化身像时则以手持钵盂的形象出现。图中无量寿佛是手结禅定印的菩萨报身像。据说，礼拜无量寿佛可令皈依者"不老不死"，供奉无量寿佛可为病者、临终者和已死者祈福，或许正是这种可畏、可惧、可依、可亲的亲世宗教情感与超世的宗教功能，使它成为藏传佛教造像供奉中最流行的原因之一。

印度作为佛教文化的发祥地，在漫长的佛教历史进程中，出现过诸多既统一而又具时代、地域文化特色的不同造像风格。图中合金无量寿佛造像（高11.5厘米，底径13.5厘米，现藏于西藏博物馆），为具有印度帕拉风格的合金铸造菩萨装无量寿佛造像。头戴"五叶宝冠"，顶竖高髻，上顶灵光宝珠，面部泥金，脸面圆润清秀，阔肩细腰，比例匀称。周身装饰繁缛，佩饰有耳铛、项圈、臂钏、手镯、脚镯，身着披肩、短裙，跏趺于莲座上。手指纤细柔软，极富有表现力。裙裳与坐垫錾刻纹饰并镶嵌金银。台座分为三层，上层为卷草纹坐垫，中层为仰莲座，下层为多层折角的塔型台座，台座上方又加圆形莲花座，莲瓣宽而薄。此尊合金无量寿佛像汲取了印度帕拉造像艺术崇尚藻饰及追求华丽的特点，是一尊早期印度佛教造像佳作。

33.《藏传佛教阿弥陀佛的研究》，李翎，《法音》2004年第8期。

合金弥勒菩萨像（12 世纪）

图 1. 合金弥勒菩萨像

图 2. 合金弥勒菩萨像局部

　　菩萨是"以智上求菩提，以悲下化众生"，以有情、智慧和觉悟要将自己和一切众生一起从苦恼中解脱出来而得以究竟安乐，要将自己和一切众生从愚痴中解脱出来而得彻底的觉悟者，[34] 是佛成道前累世修行时的"候补佛"。大乘佛教把菩萨归入般若部，常见的有八大菩萨，包括文殊菩萨、普贤菩萨、大势至菩萨、观世音菩萨、地藏王菩萨、弥勒菩萨、除诸障菩萨、空虚藏菩萨。

　　佛经上讲，弥勒菩萨意为慈爱，常被称作慈氏，并起名为"无能胜"。弥勒出身于印度婆罗门，曾与释迦牟尼同在弗沙如来座下修行，弗沙如来根据对二人善根的观察，看到释迦发下在五浊恶世的秽土成佛并度化众生的宏愿，这一愿力让弗沙如来决心先度释迦成佛。弥勒菩萨在释迦牟尼成佛后得到他的教化，并被授记为下一任佛陀。按照佛经上讲，我们现在的世界由释迦牟尼佛作法王，在 5 亿 7 千万年后释迦牟尼佛法灭尽时，将由弥勒菩萨从兜率天宫降世，补佛位并主持佛事。由于弥勒菩萨是兜率天宫补出菩萨，又

34.《佛学概论》，弘学，四川人民出版社 1997 年 2 月版。

是"龙华三会"说法的未来佛，故弥勒具有菩萨与佛的双重身份，又称弥勒佛或未来佛。

早期弥勒造像多为菩萨装束，犍陀罗、马土腊石雕佛像中皆可见到相应作例。尼泊尔与西藏的弥勒造像也遵循了菩萨造像的要求，即相貌端庄慈祥，头戴宝冠、上身袒露、身披璎珞、臂戴钏镯、衣曳飘带、衣饰华美庄严，一派居士形象，体现济世度人的情怀。然而，在汉传佛教中佛像不戴宝冠，唯有菩萨才戴宝冠，弥勒菩萨（弥勒佛）不仅不戴宝冠，而且还呈现出大肚弥勒的形象特征。相传，这是弥勒入住人间的一种形象。客观地分析，这应该是佛教传入各地后，因各地对佛教神系的理解不同、当地民族传统审美习惯及雕刻技法的影响所致。体现地域体貌特色的各种造型屡见不鲜、比比皆是。五代以前，寺庙中供奉的是天冠弥勒佛像，现在北京广济寺、苏州灵岩山寺所供奉的仍为天冠弥勒。五代以后很多寺院由原供奉的天冠弥勒佛像逐渐变成供奉布袋和尚塑像。布袋和尚（？~917年），五代时僧人，名契此，又号长汀子。传说他常以杖挑一布袋入市，见物即乞，出入无定，随处寝卧，形如疯癫。于后梁贞明三年（917年）圆寂。他有《辞世偈》："弥勒真弥勒，分身千百亿。时时示时人，时人自不识。"意思是说，弥勒佛可以变化出千百个形状，时时处处显示给人们看，但人们却不知这就是弥勒佛。言下之意，他自己就是弥勒佛的化身，世人遂以他为弥勒化身。唐代密宗中，也有大肚弥勒像，如杭州飞来峰元代密宗石窟造像中的大肚弥勒像，左手按一布袋，右手拿着一串念珠，袒腹露胸，作憨笑态。

《西藏通史》中记载：除了在西藏分裂时期的后期绰浦译师所造的绰浦弥勒大佛像和本世纪（20世纪）初九世班禅新造的扎什伦布寺的弥勒大佛像以外，西藏著名的弥勒佛像如昂仁（拉堆绛）弥勒大佛像、绒（仁布县）弥勒大佛像、扎什伦布寺大经堂的弥勒佛殿中的弥勒大佛像、哲蚌寺的弥勒像见者解脱等，都是在帕竹统治时期即公元 15 世纪中建造的。[35]《一世达赖喇嘛传》中讲述了格鲁派第一座寺院——甘丹寺建造弥勒佛像的初衷，是为了众弟子及施主都能转生到弥勒净土，享受大乘教法的利乐殊胜。1463 年，甘丹寺建成了高达 25 肘（一肘相当于正常人身高的七分之二）的弥勒佛像，并且按照造像典籍及经书记载，胎藏时，装入了许多佛、菩萨、高僧大德的舍利子，弥勒佛像上下各个部位，装入了咒文、佛经以及各种药物、谷物、食品、绸缎、宝石等，诸物皆备。甘丹寺即"喜足尊胜洲"，就是弥勒佛净土之意。

尼泊尔位于喜马拉雅山中段南麓，国土面积不大，多为山地。北与我国西藏接壤，西南连接印度。公元前 6 世纪，佛教创始人释迦牟尼就诞生于尼泊尔西北部迦毗罗卫的蓝毗尼（今尼泊尔南部提罗拉科附近的洛明达）。由于该国盛产红铜，尼泊尔造像几乎是清一色的红铜铸成，鎏金色偏橘黄色，多有磨蚀现象，在凸起处往往露出红色铜胎，并在宝冠、白毫、璎珞等处嵌宝石或松石等。从风格上看，不论早晚期，尼泊尔造像的来源主要继承古印度笈多时代（约 320~540 年）马土腊系统的萨尔纳特式风格，即身躯突出，大衣或裙如紧贴躯干，不注重衣纹刻画。[36]

尼泊尔艺术风格的造像在公元 7 世纪松赞干布迎娶尼泊尔赤尊公主时已传入西藏。从那时候起，尼泊尔艺人以不同形式参与到西藏的建筑和造像艺术领域中，把尼泊尔的艺术风格融入西藏艺术中，并且形成了西藏宗教艺术中的"尼泊尔流派"。尼泊尔流派的造像，呈现出上宽下窄的体形，圆脸，眉眼细长，五官小巧生动，表情含蓄沉静，肌肉轮廓不强，指尖弯曲有轮廓线，衣袍饰带呈现出动感等显著特点，具有突出的生活写实性特征。

图中合金弥勒菩萨像（高 165 厘米，重 170 余斤，现收藏于拉萨布达拉宫），为 12 世纪尼泊尔的传世造像，整尊造像用红铜铸造而成，造像顶髻高耸，饰

35.《西藏通史》，恰白·次旦平措等著，陈庆英等译，1996 年 1 月西藏社会科学院等单位联合出版。
36.《藏传佛教造像流派》，金申，《收藏》2010 年第 1 期。

有宝塔，面部泥金彩绘，神韵古朴典雅，耳挂轮状圆环，颈饰链珠项链、璎珞。肩宽腰圆，腿部粗壮有力，上身袒露，手臂戴花型钏饰，贴体衣裙通嵌黄铜。左手捻乌巴拉花，花径沿臂至肩头，右手高举于胸前结说法印。三折枝式站立，身体微侧，双足站立于覆莲宝座之上，莲瓣宽大扁平，交错分布，莲花座下还有四方座。整尊造像依尼泊尔早期造像艺术风格所铸，铜质晶莹光洁，体态婀娜多姿，造型优美，工艺手法极为精湛，实属罕见。关于此尊造像，是由尼泊尔传入还是由尼泊尔造像师在西藏铸造而成，暂无统一的说法。

铜鎏金释迦牟尼佛像（473年）

图1. 铜鎏金释迦牟尼佛像

图2. 铜鎏金释迦牟尼佛像供养人

图3. 铜鎏金释迦牟尼佛像题记

佛教自西汉时期传入我国以来，经历代传播后造像风格逐渐脱离早期印度风格的影响，至北魏时造像已初显汉地特征，这一时期的造像因具有时代特色而被称为中国雕刻艺术的典范。图中铜鎏金释迦牟尼佛像为北魏孝文帝延兴三年（473年）的传世品，历史悠久、完好无缺，现藏于拉萨布达拉宫，是目前所知西藏存世较早的一尊汉地金铜造像，其历史价值、艺术价值极高，弥足珍贵。

北魏统治者为了稳固江山、求佛佑护，曾大兴建寺造像，普通百姓为祈求生活安定，寻求心灵慰藉，亦风靡造像。于是有了上至皇帝百官，下至庶民百姓，竞相"减割资财""多舍居宅"兴建佛寺，铸造佛像，传播佛法，以求"共载已贵，同尊上道"的社会之风。[37] 著名的云冈、龙门、麦积山、敦煌诸石窟，永宁、天宫、少林等规模浩大的寺院，大多是始建于这个时期。但这一时期的造像大多数为石雕造像，金铜造像由于种种原因传世极少。

图中这尊铜鎏金释迦牟尼佛像与龙门、麦积山、云冈等北魏时期的石刻造像相比，造型特点极为相似。佛像通体鎏金，肉髻高耸，额发螺旋，眉间的白毫呈轮状。身着袈裟，偏袒右肩，凹刻的衣纹线条短促规整，给人以充实而又饱和之感。佛祖右手上扬施无畏印，左手持握衣襟，结跏趺坐。四足台座呈高脚型束腰须弥座，台座几乎与佛像同高，驱使全像高耸挺立，给人庄严正定之感。台基正面及四足的左右两侧共雕刻六位供养人，供养人身着胡服，或双手合十或手持供物呈供养状。其中，台基正面左右两侧的供养人均系男性，左侧供养人双手捧供物，头戴圆顶风帽，帽顶中间有中缝，帽口镶有宽边，身着交领衣，外罩交领、窄袖菱形纹大袍至膝下；右侧供养人，左右手各持一供物，头戴鲜卑帽，内着圆领内衣，身着桶装长袍，腰间束革带，下身为小口裤，足蹬皮靴。所谓的供养人一般是指，出资造像的发愿者或被发愿者纪念的在世、故去的眷属，包括出家人以及信仰佛教的信男善女

37.《北魏泰常五年金铜弥勒禅定坐像考略》，王为群，《文物春秋》2003年第3期。

等。信众发愿造像的根本目的，是为自己及眷属祈福，因此，供养人可以把自己或纪念者的形象在佛像周边刻画出来。佛像台基的背面刻写着造像题记，大致内容：延兴三年五月二十一日比丘尼僧香用自己的钱财为男比丘慧文造得释迦牟尼像一尊，此福上资，以求能睹。此尊造像以高浮雕、浮雕兼具阴刻等多种技法制成，时期早，技法细，题记年代确切，是一件不可多得的艺术珍品。

铜鎏金班丹拉姆像（明永乐）

图1. 铜鎏金班丹拉姆像

图2. 铜鎏金班丹拉姆像款识

班丹拉姆也称"吉祥天母""吉祥天女"等。相传，她是印度婆罗门教天神搅动乳海时诞生的女神，据说她掌管着财富和命运。公元10世纪，即藏传佛教后弘期时被吸收为佛教护法神和世界欲愿之主，后经过各宗派高僧大德的传播与渲染，逐渐成为藏传佛教各宗派密宗中极受崇奉、影响深远的重要女性护法神。班丹拉姆是大昭寺的护法神也是拉萨地区的守护神，她与乃琼护法神组成了格鲁派红黑护法神的信仰体系。藏传佛教信仰者认为，供奉班丹拉姆可以消灾除难，使人畜兴旺。

　　无论是在唐卡绘画中还是在造像中，班丹拉姆的形象都被塑造得极具特点。如图中造像，班丹拉姆头戴五叶冠、褐发竖立、眉似火焰、三目圆睁、口衔一倒挂尸体，这一狰狞的形象塑造，象征了她具有摧毁一切妖魔的法力；右耳挂狮子，象征着听取佛经；左耳挂蛇，意为忿怒。颈挂骷髅头项链，四臂各持一不同的法器，代表着降服和摧毁；腰系虎皮裙，表示降魔勇猛。她舒足坐于黄色天骡背上，骡背披着人皮，代表着降服；天骡的缰绳是毒蛇，骡蹄下是汹涌的血海和实体，象征着班丹拉姆跨过了天、地、海三界；天骡臀部还长着一只眼睛，据说是被她父亲追赶时用箭所射，拔出箭后形成的。从宗教功能上来说班丹拉姆的忿怒像主要用以唤起众生的怖畏之心，进而辅助众生牢固对佛法的信心。[38]

　　任何一个时期的任何一种艺术形式一旦形成流域风格，均会受到社会大环境及当朝政策的影响。13世纪中叶，蒙古族统一中原后，驻扎在西凉（今甘肃武威一带）的蒙古王子阔端对西藏发起了四年之久的军事侦察，全面掌握了西藏当局的政治局势及宗派之间的各种情况后，清楚地认识到，管理西藏就必须因势利导，"以佛治佛、以蕃治蕃"，这一政策被忽必烈继承，从而实现了对西藏地区的有效统治。佛教造像在藏传佛教思想理论和崇教实践中具有重要的意义和作用，受到了崇奉藏传佛教元代帝王的高度重视。为了

38.《藏族文化通论》，罗桑开珠，中国藏学出版社2016年2月版。

给新建的藏传佛教寺庙塑像，同时满足帝王和皇室成员奉教的需求，元廷特别在"诸色人匠总管府"下设"梵像提举司"，负责塑造藏传佛教造像。[39] 明朝建立以后，继续推崇藏传佛教，但总结了元朝"独尊一派"的管理弊端，推行"多封众建"的宗教政策。这一政策的推行使明朝中央政府与西藏各地、各宗派势力之间取得了更加广泛而紧密的联系。"薄来厚往"的朝贡，让更多的僧团络绎不绝地进京朝觐、定居，继而藏传佛教造像艺术也随之在中原地区得以传播和发展。明代帝王仿效元朝，亦在宫廷专设造像机构，称"佛作"，隶属于"御用监"，制作藏式佛像并将其作为重要的宗教礼品赏赐、馈赠给西藏上层宗教人士。这一时期的各种造像，通常会在尊神的莲台前台面上有阴线刻画大明永乐（或宣德）年施的六字款，"施"字代表了皇家对佛门施舍的功德，被专门指定刻写在为西藏高僧或者藏传佛教寺庙所造的某些特定的法器上，比如金银铜铁等材质的藏传佛教造像、法物、供器、织绣、唐卡等。

图中铜鎏金班丹拉姆像是明朝永乐时期宫廷造像的精美之作，现藏于西藏博物馆。永乐、洪熙、宣德三朝（1403~1435年）的宫廷造像又被称为"永宣造像"，是专指永宣时期宫廷汉藏风格的造像，也是宫廷造像中最为精美的作品。它充分继承了阿尼哥（元朝著名的尼泊尔艺术大师）以来炉火纯青的失蜡法铸造佛像技术和审美特点，做工精致入微，气质典雅唯美，大有皇家之气。整尊佛像以黄铜铸造，铜胎厚重，通体打磨光滑圆润，镀金明亮沉厚。在佛像封底正中阴线刻画十字交杵（又称羯磨杵），作为该像已经开光、具有神圣加持力的标识。另外，朱砂或红漆往往被涂在永宣造像的封底处，作为一种特殊的加持方式。

现存具有"大明永乐年施"和"大明宣德年施"铭文的明代宫廷藏传佛教宫廷造像的种类多达50余种，但由于各种原因，存世的永宣造像数量并不算多。

39.《元史》卷85《工部》。

铜鎏金八瓣莲花密集金刚像（明永乐）

图1. 铜鎏金八瓣莲花密集金刚像闭合图

图2. 铜鎏金八瓣莲花密集金刚像开启图

图3. 铜鎏金八瓣莲花密集金刚像局部

  密宗修行的终极目标是达到向佛的转化。藏传佛教修行者在修行过程中，都会选择一位或多位本尊作为自己的守护神，所谓"本尊"就是指佛的化身，它是指导修行者修法并走向觉悟途径的精神导师。随着修行成就的递增，所选本尊也可以逐渐变成更高层次的本尊。其中，最高层次的本尊就是无上瑜伽部的五大金刚，即大威德金刚、密集金刚、胜乐金刚、吉祥喜金刚、时轮金刚。金刚意为金中之刚，用以譬喻牢固、锐利，能摧毁一切者。这五位金刚多以双身相拥和合的方式呈现，双身造像的寓意代表了大乘教义的最高教义——慈悲与智慧的结合。修行本尊神，最普遍的方法是让自己以纯净自性的身心融入空性，并将融入空性的自我化身观想为本尊，从内心深处发出大乐、空性和不二体验。据说，这种观修方式可以使贪、嗔、痴、慢、疑五毒心转化为五佛智慧并最终通往开悟境界。

  密集金刚意为秘密结合或秘密集合体，源自无上瑜伽部的父续，密集金刚的传承来自释迦牟尼佛祖。据载，释迦牟尼在菩提树下苦修禅定六年后出定，成就正等正觉、圆满佛果，升上兜率天。无数的菩萨、天神向佛陀虔诚地祈祷，佛陀以大神通力变现出密集金刚坛城，开示密集金刚续，并给予灌顶及口诀教授。西藏最早的密集金刚,是公元8世纪从《一切如来金刚三业秘密三昧大教王经》中译入的第一批梵文经典之一,此法由龙树菩萨传到西藏。在藏传佛教中,密集金刚是理解密续文献的关键,所以被称为密续之王。格鲁派创始人宗喀巴奉密集金刚为其本尊守护神,因此格鲁派非常重视修此金刚之法,在格鲁派密续学院上、下学院中,都是主修课程。

密集金刚主尊像一般呈寂静相,右手持金刚杵,左右持金刚铃,交臂环抱佛母,以金刚跏趺姿势坐于莲花之上。莲花是佛教中最重要的一种象征符号,据佛教典籍记载,释迦牟尼在出生的时候,舌根上出现了很多金色的光芒,之后这些光芒竟然转化成了一朵美丽的白莲花,且有菩萨盘脚坐在其中。继释迦牟尼佛祖诞生800年后,莲花生大师作为他的转世也是诞生于莲花中。所以莲花被认为是新生或佛,因寓意尊贵美好而被广泛运用于佛教中。这种由八瓣莲花环抱主尊佛的造像十分稀有,在西藏博物馆造像藏品中,最早见于10世纪印度风格的大日如来造像。

现藏于拉萨布达拉宫的明永乐年间铜鎏金八瓣莲花密集金刚像(图1、图2),其八瓣莲花可自由开启或闭合,闭合时形成花蕾,开启时形成一朵盛开的莲花,主尊密集金刚安坐于莲花中央。在莲花瓣的内外及台座上方还铸有诸多佛、菩萨、龙女等像(见图3),整尊造像构思巧妙,鎏金工艺精湛,装饰繁缛精美,具有极高的艺术价值。此尊造像的主尊莲花座上方刻有"大明永乐年施"六字楷书款,是目前布达拉宫佛像建档所知的三件永乐宫廷莲花状造像之一。笔者经查阅《明实录》资料获悉,格鲁派在明朝永乐年间曾受到三次御赐佛像。第一次是永乐十四年(1416年)宗喀巴弟子释迦也失进京辞归时,赐佛像、佛经、法器等物;第二次是永乐十五年(1417年)释迦也失遣人贡马,明廷赐佛像、法器等物;第三次是永乐十七年(1419年)明廷遣中官杨三保等赍敕进藏赐大乘法王(昆泽思巴)、阐化王(吉刺思巴监藏巴里藏卜)、阐教王(领真巴儿吉藏)、辅教王(喃渴列思巴)、赞善王(著思巴儿监藏）及释迦也失等佛像、法器、袈裟等物。

拉萨布达拉宫所藏该铜鎏金八瓣莲花密集金刚像，铸工精细复杂，涉及冶炼、塑模、制范、铸造、打磨、镀金、装藏等多种工艺，为黄铜铸造，质地细密，色泽明亮，铜质细润，色彩华丽。通过对历史背景及当时格鲁派在藏区的影响力分析，这尊工艺繁缛、造型独特的永乐款莲花形密宗造像，应是永乐十四年（1416年）明朝中央政府赐给释迦也失之物。

合金不动如来像（13世纪）

藏传佛教将密宗视为佛教之"精髓"，密宗在藏语中称为"桑俄"，意为"秘密真言"。其教法源于印度佛教，7世纪松赞干布时期已有部分密宗典籍被翻译成藏文，一些密宗造像开始出现在西藏地区的佛教诸神系中。随着密宗的成熟发展，逐渐分化出金刚乘和时轮金刚乘两大教法。其中金刚乘的

创始人是莲花生的父亲（古印度邬金国国王因扎菩提），莲花生进藏后不仅广译显密典籍还将金刚乘教法传入西藏。13世纪初，佛教在印度泯灭后，唯有西藏佛教保留了密宗四部(事部、行部、瑜伽部、无上瑜伽部)修习的完整形态，后经各时期密宗大师的传承发展，逐渐形成了在修习次第、仪轨制度、神祇供奉等方面独具特色的"藏密"。

金刚乘教法的要旨是，密宗修行者仅依五方佛的五种智慧即可达到"解脱之境"。如果不具五方佛的智慧，仅持诵真言（密咒）建立曼陀罗是不能达到解脱的，所以密宗修行者对五方佛的供奉与观修是极其重要的。五方佛是指东方不动如来、南方宝生如来、西方阿弥陀如来、北方不空成就如来和中央大日如来。他们分别代表了佛的五种智慧，是净化识蕴、受蕴、想蕴、行蕴、色蕴等五蕴后的产物。不动如来原本是转轮王的第九子，据《大悲妙法莲华经》记载，在一千零五佛出现于世被授记中："国王于极乐世界中成佛，号'无量寿'；长子'眼不瞬'号'普光圣吉祥积王佛'；次王子号'极坚功德宝积王佛'；……第九王子号为'阿閦佛'（意为不动佛）。"通过对不动如来的修持，即可达到净化色蕴（是指眼睛、耳朵、鼻子、舌头、身体，本身没有独立认识思考的作用，经过净化后就能像镜子一样可以反映出外在的事物）并获得特有的大圆镜智。

在五方佛造像中，常见的单尊像主要是阿弥陀如来和大日如来，其他佛多为某个本尊像的顶上装饰，用于代表此本尊所属的佛部。图中合金不动如来像（高27厘米，底径17厘米，现藏于西藏博物馆），是一尊西藏早期本土造像，造像风格显著，工艺精湛，像容妙好，极其珍贵。

考古发掘出土的金银器遗物可以佐证，西藏金铜铸造工艺的历史最早可以追溯到早期金属时期，据《册府元龟》等文献记载，646年松赞干布曾派大臣禄东赞向唐太宗赠送了一只七尺多高黄金铸成的金鹅，657年吐蕃赞普向唐高宗赠送了一座金城。这些实物和文献充分证明，在佛教传入西藏之前，西藏就已经存在比较成熟的金铜雕塑制作工艺。在存世的佛教造像实物中，具有藏式风格的造像最早出现于公元8世纪，藏族历史文献《巴协》中记载，桑耶寺建成后，在塑造寺内佛像时："雕塑匠问道'佛像是塑成印度式还是塑成汉地式的？'"莲花生大师说"佛陀降生在印度，所以塑成印度式的吧"，赞普赤松德赞说道："大师，我希望让吐蕃喜欢黑业（指黑苯波教）的人们，对佛法生起信仰，所以无论如何，也请把佛像塑成吐蕃的式样。"大师说："那么把全体吐蕃民众召集起来，就照着塑成吐蕃人模样的佛像吧！"于是从召集起来的全体吐蕃民众中，挑选出最英俊的男子枯达擦，照着他的模样塑造了两臂圣观音，挑出最美丽的女子觉若妃子布琼，照着她的模样在左边塑造了光明天女像，挑出最美丽的女子觉若妃子拉布门，照着她的模样在右边塑造了救度母像，照塔桑达勒的模样，在右边塑造了六字观音（四臂圣观音）像，照着孟取高的模样，塑造了圣马鸣菩萨为守门者。[40] 书中还说："然后是中层佛殿，以麝香树和檀香树为木料，以野黄牛皮为塑像的材料，照着汉地的模样塑像。主要是大日如来像，右边塑的是过去燃灯佛，左边塑的是未来佛弥勒佛，前面是晦日佛释迦能仁（即释迦牟尼）、八日佛药师佛、月中佛无量光佛；左右菩萨是新近眷属八大弟子，大善知识（居士）无垢称、喜吉祥菩萨；愤怒护法是'哼''哈'二将。上层殿的木料全用松树和杉树，塑像的材料用布和茅草，塑像以'印度式样为准'。"[41]

自佛教传入之初，西藏造像艺术就深受印度、尼泊尔、克什米尔等地佛教造像艺术的影响，使西藏佛教造像迟迟未能从异域的艺术风格中摆脱出来。虽然公元7~9世纪的佛教前弘时期，松赞干布、赤松德赞、赤热巴坚吐蕃三代王曾力图佛教造像本土化，以便庶民能够接受，但是随着吐蕃王朝的崩溃，这种风格也在长期历史的演变过程中又开始销声匿迹。藏传佛教后弘期，随

40.《巴协》，佟锦华、黄布凡译注，四川民族出版社1990年版。
41.同上。

着佛教分别从青海和阿里传入西藏腹地，佛教艺术再次获得新生。阿里地区的鲁和卫藏地区洛扎、聂、那若、雅砻等地逐渐发展成为西藏金铜佛像的浇铸中心，相继创造出了大批精美杰作。13世纪以后，西藏造像艺术才逐渐呈现出铸造技术日趋成熟，风格较为统一的本土文化迹象，形成发髻高耸，有线条相连接的高冠叶，束发缯带上卷飘逸，佩戴圆形耳环，双股连珠纹项链，璎珞分布十分舒朗，莲花座宽而饱满，上沿连珠装饰，整体造像铜色润泽，反应出极高的艺术水平，代表了西藏造像艺术成熟时期的风采。

藏传金铜造像主要以诸佛菩萨为主，种类繁多，将藏传佛教后弘期"佛像"的趋势发展得淋淋尽致，可谓发展到了登峰造极、无以复加的程度，尤其从现存作品数量来看，世界上没有任何一种宗教艺术在规模、数量上能与之匹敌。

合金四臂大黑天像（13~14世纪）

图2. 四臂大黑天像的莲花座

图1. 四臂大黑天像

大黑天，梵文音译"玛哈嘎拉"，是源自于印度教的一位神灵，古印度把他视为军神或战神。传说，大黑天被文殊菩萨与观音菩萨联手降伏，但也有人认为他是观世音菩萨的愤怒化身相。还有一种说法是，龙树菩萨在恒河边散步时发现了漂浮在水面上的大黑天，随后便将他带回那烂陀寺，将他收编成为印度佛教的寺庙守护神。藏语中大黑天被尊称为"贡布"，即"怙主"之意，公元11世纪由藏族大译师仁青桑布将大黑天传入西藏，其形象开始出现在壁画、唐卡、造像中，并成为藏传佛教密法神灵谱系中最威猛、最雄强、最惊人动魄的护法大神。

据载，13世纪时藏传佛教萨迦派将其视为战斗神供奉，第五代祖师八思巴曾用千金铸造其像供奉于五台山。清朝时，在京城皇室及西藏民间成为最流行的护法神之一。后来格鲁派也接纳了此神，并成为格鲁派的护法神。由此大黑天的宗教功能也随之发生了巨大变化，大黑天不仅成为守护寺庙保护佛法的神，也成为保护众生的西藏守护神。藏族人相信，大黑天可为贫穷无福的百姓带来福报，因此深受藏传佛教信徒的崇信。在藏传佛教的大小寺庙里，几乎都有一座被称为"贡康"的护法神殿，专门供奉以大黑天为首的大小护法神灵。此外，在蒙古与尼泊尔等地大黑天还是帐篷守护神。

根据各种分类方法，大黑天有72或75种形象，一般常见的有二臂、四臂、六臂像及白身、绿身、双身等形象，但每种化身都是愤怒形象。"愤怒相"表达了密宗修持过程中降伏贪、嗔、痴欲念及铲除外道和魔障时无坚不摧的精神力量。

图中合金四臂大黑天像，为具有西藏本土造像风格的一面四臂样式的大黑天合金造像，现藏于西藏博物馆。造像高42厘米，底径32厘米，三目圆睁，赤色须发竖起，面相狰狞，头戴骷髅冠，表明他具有将五毒转化为五智的强大能力。以蛇装饰双耳、颈部、双手及足部。汉传佛教中，蛇代表欲念中的嗔念,而藏传佛教密宗中把蛇作为降伏龙王的象征。大黑天身佩五十骷髅璎珞,象征生命的无常和佩戴者已超越了死亡,又代表梵文中的五十字母,表明经典会集。腰间系虎皮裙,赤足,象征超越污浊。胸前双手持嘎巴拉碗及钺刀以示愤怒。此造像在传世过程中,后双臂的手持物已脱落或遗失,按照常见的四臂大黑天造型及手持物分析,应该是右手持宝剑,象征斩断烦恼的根源;左手持三叉戟,象征具备了佛的三身智慧。莲花座上的大黑天呈安乐坐,坐姿边沿阴刻着生死轮回故事。整体工艺精美,其愤怒形象被塑造得栩栩如生,堪称西藏本土造像中的艺术精品。

铜鎏金绿度母像（15~16世纪）

图1.铜鎏金绿度母像　　图2.铜鎏金绿度母像背光上的绿度母经咒

图3.铜鎏金绿度母像局部

释迦牟尼涅槃百年后，佛教出现了根本分化，几经分裂后逐渐形成利他的大乘佛教和度我的小乘佛教的信仰。将无量众生度到彼岸便是大乘佛教的理念，这一理念主要通过四大菩萨的人格化凝聚而成，度母女性神便是在这样的背景下形成的。据《度母本源记》中记载："观音菩萨在无量劫前，为了利益广大众生，救度了无数无量的众生脱离生死轮回。一次，观音菩萨用圣眼观察六道众生，发现生死苦海中的芸芸众生丝毫没有减少，倍感伤心，悲悯众生，于是眼中流出了慈悲的泪水，泪水滴在莲花上，化现出至尊救度佛母。"救度佛母安慰观音菩萨："众生虽无量，但我的愿力也是无量的，我会帮助你共同完成救度无量众生的大业。"度母协助观音菩萨救度众生无数无量，十方诸佛都来为她灌顶，称其是救度一切众生成佛的佛母，即大慈大悲"救度佛母"。

公元7纪，尼泊尔赤尊公主进藏时将一尊旃檀绿度母像带入吐蕃，这是传入西藏最早的度母像。公元8世纪，桑耶寺修建了藏传佛教历史上第一座度母殿，度母信仰便开始在西藏王室及上层社会中流传。佛教传入前，苯教对女神的崇拜是极为普遍的，如喜马拉雅山上的长寿五仙女、藏史中所记载的分布于广大藏族地区的"十二丹玛"女神以及苯教文献中记载的古代季节神等都是女性神。莲花生大师进藏传法时，降伏苯教众神，并将这些女性神融入佛教之中，奉为佛教的护法神。莲花生大师正是用这种以抬高女性神的方式为佛教的宏传铺平了道路。阿底峡大师在其传记中曾记载他的本尊为度母，度母在其一生的关键时刻都起到重要的指示作用，阿底峡对度母的解释是可以去除外、内、密之所有障碍，消除一切伤害。这一崇信，在后期创立的噶当派及格鲁派中影响深远，以致一世达赖喇嘛根顿珠巴也以度母为修行本尊。随着度母信仰自上而下的流传，有关度母的造像、仪轨、修行法、咒语念诵、礼赞文等出现在藏传佛教各个教派和不同时期的著名高僧的文集中，度母成为藏传佛教各宗派普遍尊崇的女性神。信众对《二十一度母礼赞文》如同汉地佛教"人人念弥勒，户户拜观音"一样普遍深信熟知。1989年布达拉宫维修开工时，僧人曾用时 6 天半吟诵《甘珠尔经》108 部和《度母经》10 万次。

《度母本源记》上说，度母依据身色不同而有白度母、绿度母等度母，依姿态和职能不同，又分为二十一度母。在二十一度母中，绿度母处于主要地位，她的心咒被称为根本心咒，能救助众生脱离由狮子、大象、蟒蛇、水害、火灾、盗贼、非人、镣铐等所造成的八种灾难，所以又被称为"救八难度母"。

图中铜鎏金绿度母像（现藏于西藏博物馆），坐姿舒缓，着菩萨装，曲线优美柔和，形象慈悲曼妙，头戴五叶宝冠，左手于胸前施三宝严印并拈一茎莲花，右手施与愿印搭于腿上并持花茎。造像的冠部、耳饰、胸饰、腰饰、臂饰等部位均以绿松石装饰，尽显华美。背光及宝冠上雕有诸佛像，工艺极其精湛，是典型的西藏本地造像中丹萨梯寺造像艺术风格的代表作。

铜鎏金米拉日巴上师像（18 世纪）

米拉日巴（1040~1123年）是藏传佛教噶举派的第二代祖师，法名协巴多杰，生于后藏贡塘地区（即今西藏吉隆县以北靠近阿里的地方）。米拉日巴出生时家境富裕，在他7岁时父亲病逝，家产被叔父和姑母等人霸占，他的母亲带着他和妹妹受尽磨难。为报家仇，母亲卖掉娘家给她的一半土地，送米拉日巴外出学习苯教的咒术。米拉日巴听从了母亲的教诲，到卫藏雍从多甲和古容巴喇嘛那里学会了苯教咒术，并利用这种咒术报复叔父和姑母。在叔父给儿子举行婚礼时，房屋突然倾塌，叔父的儿子、儿媳以及亲友三十多人死于这场突如其来的灾祸，米拉日巴的母亲坚信这是儿子使用巫术的结果，于是她写信给儿子，要求米拉日巴再次放咒，不久米拉日巴家乡又连续遭受三次巨大冰雹之害，田地里的所有庄稼毁尽。当地人也把这些天灾归罪于米拉日巴，从此，他们与米拉日巴结下了难解的怨恨。后来，米拉日巴为自己杀人和破坏家乡庄稼等恶业悔恨不已，开始改信佛教，修习正法，以求解脱。

米拉日巴最初向一位宁玛派的僧人绒敦拉嘎学习大圆满法，38岁时又到佛教大译师、噶举派创始人玛尔巴门下学法。玛尔巴认为米拉日巴"仍有孽障残余……还需要苦行少许"，为了消除他用咒术冰雹杀人的罪业，最初玛尔巴没有教给他佛法，而是让他经受难以忍受的各种考验，甚至让他修建一座九层的圆形城堡，修好后又让他改成半月形、三角形、正方形，每当他快要修建完成时，玛尔巴又让他拆除重建。他身上伤痕累累，背部被磨破而且流血化脓。米拉日巴忍受了种种苦役，并经历了九次大的心性考验，仍是毫无怨言。因此玛尔巴决定正式收其为弟子，并将《欢喜金刚》《马哈摩耶》《金刚四座》《佛顶经》《密集》等密法传授给他。

据佛经史籍《米拉日巴传》记载，一年米拉日巴返家探视亲人，见家里房屋已经倒塌，母亲也已经去世，妹妹流落外地乞讨，深感人生之苦，决心遁迹山林，潜心苦修秘密真言，在吉隆聂拉木深山老林独居坐静长达九年之久，不仅证得了噶举派最高法门"大手印"成就，而且开启了噶举派重实修之宗风。

因米拉日巴为藏传佛教的产生、发展、弘扬等做出过重大贡献，与藏传佛教中历代圣贤、祖师、印度八十大成就者、莲花生、阿底峡、宗喀巴等，统一归入上师部。上师在藏语中称"喇嘛"，意为学问高深的僧众领袖。上师是佛陀的化身，是指导众生修行的导师。修行者如果没有学识和经验丰富的佛法上师引导，就会陷入浩如烟海的佛语经论之中，很难明了和掌握佛法的精髓，上师的直观教法，则可以避免修行中的诸多困境和迷惘，尤其是对那些只能意会很难言传的超越语言表达的"不二"之境来说，师徒间的直接交流更容易获得证悟。口耳相传是藏传佛教密宗修行传统的传承方式，依惯例修持密宗需要有上师灌顶开示，所以拜师是得道的根本。因此，藏传佛教中将上师位列"三宝"（佛、法、僧）之上，为四皈依之首，也是诸尊造像诸部造像之首。若在上师的教诲中获得真言，弟子对上师要有所供养，据《青史》载"西藏最初有应试七人出家，继后有不少的诚信和有智慧的人出家为僧"。不久后，赤松德赞规定，凡出家为僧者，生活皆到赞普仓库中领取，并不支差。吐蕃王朝崩溃后，藏族地区原来主要局限在王室贵族之间的佛教传播格局被打破，较为普遍地出现了以师徒传承为主要形式的佛教文化传播方式，那些没有王室和贵族支持的僧人便将求法弟子的供养作为自己主要的生活来源和保障。对上师的仰慕恭敬除了"资粮"供养外，最重要的是"身、语、意"的供养，也就是把自己的一切都无条件地交给上师。这种师徒关系一经确立，就犹如父子关系。

藏传佛教中的上师像往往按照上师生前的形貌塑造，多以写实手法刻画人物个性特征。米拉日巴一生没有出家，也没有建立寺庙，而是在获得正果后，为了弘扬佛教教义，"利益众生"，以野外为道场，以藏族民间独特的诗歌唱诵的方式弘法传道。歌集内容涉及自然、生命、痛苦、死亡、善良、罪恶、信仰、道德、神灵、精神等。图中铜鎏金米拉日巴上师像（高16.5厘米，底宽13.3厘米，现收藏于拉萨布达拉宫），造像中的米拉日巴，瘦骨嶙峋，悠闲地坐在虎皮座上，头略向右偏，右手上举放在右耳旁，正用道歌讲经说法，显出一副超然物外的苦行僧姿态。

脱模泥塑密集金刚像 (15~16 世纪)

图 1. 脱模泥塑密集金刚像　　图 2. 黑石释迦牟尼印模　　图 3. 铜质印模

"擦擦"是梵文的藏文音译，意为"脱模泥塑"，是指用按印或脱模方式制作的各种小型泥质佛塔、佛像及梵文或藏文经咒的宗教艺术品。是随佛教从印度传至西藏及中原地区的一种特殊的礼佛方式。作为一种方便的供佛和修行方式，擦擦多流传于藏区寺院和民间百姓之中，主要供奉在玛尼石、经幡、佛塔、圣山洞窟、神湖边以及山口和转经路上。[42]

有关擦擦的记载最早见于《元史·释老传》："擦擦者，以泥作小浮图也。""浮图"即佛塔。意大利著名藏学家朱塞佩·杜齐（Giuseppe Tucci, 1894~1984）在《西藏考古》一书中也认为：擦擦与佛塔有密切关系。由此可见，擦擦的制作很有可能起源于佛塔，随着历史的发展和演变才逐渐出现佛像、菩萨像、度母像、护法像、金刚像、上师像、各类佛塔，以及梵文、藏文经咒等艺术形式。

9 世纪以前，就有擦擦传入西藏，但多数学者认为，这一时期的擦擦主要源于朝佛者从印度带回的朝佛纪念品。作为一种艺术形式较系统和大规模地在藏区制作是在 10 世纪以后。托林寺出土的 10 世纪的擦擦是目前确认较早

---
[42].《方便的修行法门——擦擦艺术的源流与艺术特征》，桑吉扎西，《佛教文化》2006 年第 1 期。

的藏传佛教后弘期擦擦。[43]这时期的擦擦仍具有浓厚的印度、尼泊尔佛教艺术的造像特征。直到13世纪以后，擦擦的制作才逐渐走向规模化，并开始摆脱早期印度式的大量翻制，形成了具有西藏本土风格特征的泥塑像。

  制作擦擦要先制作出模具，然后用土和成泥状，摔打致密，将泥捏成团直接按入模中，使其完全入模，而后脱模，阴干即成。供奉擦擦必须请活佛念经开光，然后一次性封存于佛塔中；或放入泥质佛像内作为"装藏"；或放入擦康（专门放置擦擦的房子）内供奉；或直接放置寺院供台或家里的佛龛内供奉。制作擦擦的泥中往往掺有高僧的骨灰、头发等舍利子，以示对高僧的纪念，象征着高僧活佛循环转世，灵魂不灭。将擦擦放置塔内供养，供信徒们绕塔叩拜，以得福分，结佛缘，消灾避难，同时高僧活佛的灵骨能够得到保护和隐匿。这种纪念方式，在《米拉日巴传》中也有记载："当米拉日巴学法有成之后，拜别师父回到故乡。这时，他的家是一片残败之象，母亲已经去世，唯一的妹妹也远走他乡乞讨。米拉日巴在乱石杂草中发现了母亲的尸骨，他悲痛不已，几乎晕倒。拾起母亲的遗骨，入光明定，坐了七天，方才出定，并悟到生死轮回的真谛，断了贪恋之心，于是委托他启蒙老师的儿子，将这些遗骨与泥土混合做成诸多小泥塔，作了开光仪轨后，迎入一个大塔之中供养。"[44]其实，这也是藏传佛教火葬的一种表现形式，它最初流传于苯教，后被藏传佛教所采用。除此之外，西藏也有一些地方，在清净泥土里掺入金、银、玛瑙、珍珠、珊瑚、宝石之粉末制成"擦擦"，置入佛塔内腔，随着佛塔开光，灌注佛性，具有与佛塔同样的加持力，因而受到佛教信仰者的崇敬。至于塔腔内放置什么题材的"擦擦"，这完全取决于建塔者和施舍者的意愿及其信仰的教派。由于藏传佛教各宗派所供奉的神像有所区别，所以佛塔内供养"擦擦"的类型也有所不同，如古格时期崇尚密宗，在佛塔内供奉与密宗相关的金刚类"擦擦"较多，考古研究者曾在古格附近发现藏有很多"擦擦"的山洞。

43.《西天梵相——西藏西部地区早期擦擦》，李逸之，《荣宝斋》2004年第3期。
44.《米拉日巴大师集》（上卷），张澄基译，民族出版社2001年版。

图 1 中脱模泥塑密集金刚像（高 23 厘米，宽 22 厘米，现藏于西藏博物馆），是出土于佛教后弘期古格遗址的彩绘擦擦。整体造型庄重典雅、优美精致，形态逼真，栩栩如生。佛冠、手持法器、项饰、臂钏、手镯、衣纹璎珞清晰可见，蓝、红、白彩绘颜色鲜艳。无论是制作工艺、形象塑造，还是饰物彩绘都达到了古格时期泥塑像的极高艺术境地，是藏传佛教后弘期泥塑像的精品之作。

汉白玉卧佛像（清）

图 1. 汉白玉卧佛像　　　　　图 2. 汉白玉卧佛像局部

卧佛像，按其严格意义应叫作"佛入涅槃像"。这类佛像的显著特征是世尊的躯体呈右侧迭足而卧之状，右手曲肱支颐，左手置于身体左侧，给人的感觉好像他已经进入了熟睡一样。卧佛像在佛像艺术中，被专门用来表现释迦入涅槃境时的庄严法相。在它有限度的感性形体里，隐括含纳着非常丰富的宗教文化内容。[45]

卧佛像是释迦牟尼立像、坐像之外的一种特殊形态，是佛教艺术发展到一定阶段的产物，它的出现至少比释迦牟尼生活的年代晚四五百年。追溯卧佛题材的渊源，则与释迦牟尼本人的事迹密切相关，据《长阿含经》《灌顶经》《佛所行赞》和《大般涅槃经》的记载，佛陀在菩提伽耶证悟得道后，数十

45.《卧佛像的起源与艺术流布》，陈允吉，《复旦学报》1990 年第 3 期。

年间不断教导度脱众生，至 80 岁时化缘既尽，决定不再住世，遂率徒众自王舍城北上，渡过恒河，到达拘尸那迦城外跋提河边桫椤双树下，一日一夜说法嘱咐毕，即头北面西、右胁侧卧，从容安详地进入了涅槃境界。时众弟子皆悲痛哭泣，并将遗体火化，分其舍利到各地建塔供养。

涅槃像是一种宗教观念下象征性的事物，在后世的佛教信奉者看来，世尊的示寂不能简单地理解为生命的终了，而是他的慈悯、智慧和活力充实到了更广大的时空范围。[46]世尊不再住世而入涅槃，是一位圣者获得了彻底的解脱和安乐，其个体生命亦转化为无限的存在。一些研究印度佛教史的西方学者曾指出，在释迦牟尼离开世间后的一二百年里，印度的佛教徒们，很快地把佛的涅槃同佛陀精神的永恒联系在一起，随着时间的不断推移，这种联系便愈加执着牢固，观念本身也愈加神圣化。

最早的涅槃像见于犍陀罗公元 2~3 世纪贵霜时代的佛传图浮雕中，距今约 1800 多年。至 4~5 世纪笈多王朝时期涅槃像创作已步入成熟阶段，笈多时代的卧佛像已从佛传图的隶属地位中摆脱出来，一般都是取材于岩石的圆雕或高浮雕，佛陀本人的形象具备独立性，与鹿野苑的坐像、秣菟罗的立像一样具有型范的价值。

我国造作涅槃像大约起始于公元 4 世纪，汉地目前保留下来的古卧佛像主要是在甘肃省境内敦煌至天水一线。鉴于这一带的石质松软，不适宜于进行雕刻，故卧佛像一般都用泥塑。四川地区在唐宋以后佛法隆盛，形成了我国建造入涅槃像的又一个中心。纵观我国卧佛像的造作，以泥塑和摩崖石刻两者居多，比较起来泥塑的水平尤高，代表了我国入涅槃像建造的主流。在我国现有的卧佛像中，艺术成就卓异且赢得世界声誉的，当首推敦煌莫高窟 158 窟的大涅槃像，这尊卧佛造于中唐时代，泥塑兼施彩绘，全长为 15 米，横卧在该窟主室西壁的佛坛之上。

46.《卧佛像的起源与艺术流布》，陈允吉，《复旦学报》1990 年第 3 期。

图1中汉白玉卧佛像（现藏于西藏博物馆），是用汉白玉圆雕而成，头顶的发螺、面部及衣褶饰金。释迦牟尼佛像面容慈祥，神情恬和，双脸下垂，如熟睡状，仿佛进入到涅槃解脱的乐境，造型端庄优美，双目自然合闭，嘴唇略微隆起，鼻子好像在随着呼吸轻轻地翕动。

石刻莲花生大师像 (15~16 世纪)

莲花生是 8 世纪时印度乌仗那（今巴基斯坦境内）地方的人，相传因其生于乌仗那湖水的莲花中，故取名"莲花生"或"莲花金刚"。在《金刚座授记经》中，记载了佛陀的预言："当我涅槃后，时至八百年，乌仗那西北部，达那俱咤湖，莲花花心中，出生胜童子。"因此人们尊称莲花生为"第二个佛陀"。莲花生自幼学习语言文学及各类工巧学，谙熟古印度的各种相术，离家出走后又师从多名高僧学习密法，成为古印度著名的密宗大师，著述丰厚，其中收入藏文《大藏经》的著述就达十余部。莲花生以密咒"降伏鬼魔"

而闻名，在西藏的地位极其崇高，被尊称为"邬坚仁波切""古如仁波切""乌金大师"等多种别名，藏传佛教历史最久远的宁玛派则尊他为祖师。时至今日，西藏境内的许多名胜古迹都流传着莲花生大师的传奇故事。

据藏文佛教史籍记载，莲花生预先知道吐蕃的赞普——赤松德赞要邀请他进藏传法，他便主动起身和迎请他的人在芒域（今西藏吉隆一带）相会，接着一路"降伏鬼魔"，来到吐蕃，这实际上是反映了印度佛教密宗战胜吐蕃苯教的事实。[47]据《巴协》记载，寂护（印度著名佛学家，大乘佛教瑜伽中观派创始人，曾任那烂陀寺首座，吐蕃时期最早被邀请到吐蕃传教的印度僧人）和莲花生进藏后，准备建立桑耶寺大殿，遭到苯教势力极力反对。当佛教与苯教之间的争论喋休不止时，赤松德赞决定让佛教和苯教的代表人物进行辩论，哪种宗教胜利就发展哪种宗教，哪种宗教失败就取消哪种宗教。公元759年，在墨竹苏丕蒋布才宫前面，佛教徒和苯教徒进行了辩论，结果苯教徒失败，赤松德赞将苯教徒驱逐到阿里象雄地方，将所有苯教经典收集起来，一部分弃于水中，一部分压在桑耶寺黑色佛塔下面。[48]佛教取胜后，于公元762年开始修建桑耶寺大殿，历时四年竣工，竣工的第二年为了试验在吐蕃有无能当僧人者，由寂护大师任堪布给巴色朗、桑希麻·仁钦却等七人剃度并授具足戒。这是西藏最早的僧人，史称"七试人"。莲花生在西藏传法的若干年里，给赞普和一些大臣们讲授了许多密宗经典，一开始传授的这些密宗，就称之为密宗宁玛，"宁玛"藏语中是"古""旧"的意思。他们之所以称之为密宗宁玛，是因为10世纪末，佛教在西藏复兴时，阿里的译师仁青桑布从印度将许多新密宗经典译成藏文，加以传扬。从此，在西藏历史上，对以前的各种密宗称为密宗宁玛，即旧密宗，对新译的各种密宗经典称为密宗萨巴，意即新密宗。可见，莲花生大师在藏传佛教发展史上做出了重大历史贡献并有着深远影响。因此，莲花生大师像成为藏传佛教寺庙供奉的主要尊像之一。

47.《桑耶寺简志》，何周德、索朗旺堆，西藏人民出版社1987年版。
48.《论西藏政教合一制度》，东嘎·洛桑赤列著，郭冠忠、王玉平译，中国社会科学院民族研究所民族学研究室版。

图中石刻莲花生大师像（高 67 厘米，宽 45 厘米，现藏于西藏博物馆），是 20 世纪 90 年代从西藏朗县巴尔曲德寺征得并收藏。整幅作品以线刻的艺术手法随卵石而展开，莲花生跏趺于莲花座台上，手持金刚杵和法器嘎巴拉碗，胸前立一降魔天杖，呈现瞠目张口、狰狞、威猛、恐惧愤怒的形象，以示"法力无边"。坐像及背后的铜色山景融为一体，布局严谨，线条丰富、酣畅而遒劲，起止分明，波折有致，达到了精练简约的境界。整座造像万物有灵思想和祈求神灵庇佑的精神内涵兼具，物化表现力、艺术感染力极强。

金刚亥母像（明）

图 1. 鎏金金刚亥母像   图 2. 鎏金金刚亥母像局部

金刚亥母，藏语称"多吉帕姆"，因发间右侧现一猪头，故得亥母之名，这是金刚亥母的重要标志，表示压服愚昧之无明，开启智慧之门。关于这位神灵的来源主要有本土说和外来说两种说法。本土说记载，金刚亥母是古代苯教中的一位赞神，在空中游来游去，因此也称之"空行母之一"。后来被莲花生降服，作为胜乐金刚的明妃，成为藏密噶玛噶举的本尊，备受藏族僧俗的敬重和供养。外来说则称，金刚亥母的传承源自印度大成就者鲁依巴、坎哈、刚塔帕达的三大赫怒迦胜乐金刚密续，10至11世纪时期，胜乐金刚和金刚亥母作为双运坛城的密续体系，随密续修持被传入西藏。

两种说法争喋不休，但相同之处是都视她为胜乐金刚密续的主要佛母，是藏地最为重要的金刚空行母修持观想对象之一，藏地最为重要的几个金刚空行母修持都起源于此。金刚亥母是净化修行者环境、身体和内心的无上法门，也是噶举派传承的主要修持之一。在藏传佛教中，金刚亥母与胜乐金刚作为大乐双运相成双出现，代表众生大痴的体性。有些唐卡绘画中金刚亥母的身体呈红色，象征爱欲的激情以及无所不见的智慧，能使一切有情众生敬爱欢喜。她表情丰富，半静半怒，表示她同时轻松驾驭着四种佛业。三只眼睛代表了洞察过去、现在、未来三世。密发向上飘飞，象征其修持可以带来精神的飞升。右手高举一把金色金刚钺刀，代表切断自我的智慧；左手持白色嘎巴拉碗，代表不二的大乐；左臂肘弯倚骷髅杖，象征她本质上是佛的三身。头戴骷髅冠，象征拙火修持是其教诲的核心。传说中，金刚亥母为人身猪头，猪被喻为"三毒"中的"痴"，即愚昧，所以金刚亥母就成了消除痴毒，勾召智慧的象征。

图中金刚亥母造像（高41.5厘米，现藏于拉萨布达拉宫），一面三目二臂，头戴骷髅冠，发髻高耸，耳后有束发缯带。全身赤裸，身披帔帛，向下翻卷，底部上扬。佩耳饰、臂钏、手镯及脚镯。左手捧嘎巴拉碗，右手高擎钺刀。舞立，足下踩一人。下乘单层覆莲宝座，莲座上沿以连珠纹为饰。整体造像，鎏金色泽纯正，装饰繁缛华美，工艺精湛考究，应为明代宫廷之作。

第五章

法器

金质颅内供器

银质镂空香炉（清）

香炉的使用最早可以推至汉代陶制的"博山炉"。博山炉作为一种礼佛或祭祖的礼器曾风靡于汉代及魏晋时期。用香炉熏香是一种向佛神表达诉求的心理表现形式，深受儒、佛、道三教的喜爱，是禅定、养生必不可少的用具。随着熏香的使用与发展，人们也发现，香料所散发的淡淡气味具有养神、养生、开窍、开慧的功能，于是拓展了香炉的使用范围，香炉不再是庙宇神坛的独有供器，皇室贵族、文人雅士、殷实富户也开始使用香炉。宋代时，由于统治者尚礼学，博雅好古，使上流社会出现了一种崇尚淳朴、自然、含蓄的审美观，香炉亦作为一种"神人合一"的时尚文化登上了文人、士大夫的几案，并出现在帝王的内廷。瓷质香炉更是被上流社会当作高雅的把玩之物，成为当时所谓文人四艺"烹茶、焚香、挂画、插花"的重要内容之一。

为敬天地诸神，人们用檀香枝、松枝、刺柏枝、杜鹃枝等煨火生烟，称为"煨桑"，煨桑即净化之意，是西藏常见的一种佛教仪式和民俗活动。有关西藏煨桑最早的起源在《巴协》中有这样一段明确记载，吐蕃第三十八代赞普赤松德赞（742~797年）时期，修建了西藏历史上第一座佛法僧三宝俱全的寺庙，寺院落成庆典日上，赞普曾在桑耶寺对面山上修铸香炉并焚烧香枝，以祭祀万物神灵，由此藏传佛教中有了煨桑这种礼佛的形式。煨桑炉中溢出的香烟被喻为超凡脱俗的佛陀世界，供养者通过这种礼佛行为的寄托，从而获得心理护佑的慰藉。在西藏，室外煨桑主要使用松枝、柏枝、小杜鹃叶等木本香料，而在寺庙经堂或家中使用的熏香材料则是各种珍稀的藏药香草。佛教信徒认为，在高山上煨桑敬山神，会给人带来好运；在佛堂里煨桑，不仅使人有清香、舒适的感觉，而且诸神会因香气而愉悦，给人以福气。随着历史的发展，煨桑仪式也越来越多地出现在日常生活中，逐渐成为民俗的主要内容，无论是婚丧嫁娶、恭迎贵客、外出归来还是祈祷庆祝丰收等等，都会举行煨桑仪式。此外，煨桑所使用的香炉也由室外石砌、砖砌、陶制的粗犷形制逐渐出现金属质、珐琅质、瓷质等不拘一格的室内精致形制。

图中银质镂空香炉（高22厘米，底径8厘米，现藏于西藏博物馆），此类香炉一般是在宗教节日、开光仪式、重要庆典时使用的手持香炉，由专人手提。基本上保留了汉代博山炉莲钮、鼓腹的造型传统，其演变部分主要是增加了可以安设挑杆的柄部，以方便出行时挑举使用。清代档案中有大量关于此类提炉的记载，如雍正五年，曾赏赐给西藏宗教领袖达赖喇嘛和班禅额尔德尼各一对"红铜簪花镀金提炉"，其上就安装了提杆。图中银质镂空香炉，由炉身、炉盖、龙首提、提链及盖伞组成，圈足一周刻有卷莲纹，腹部正中连接三个龙首提，盖身呈花草纹镂空状，以便香气从镂空的盖孔中飘出。整个器物造型细腻精美。

金质嵌宝石净水瓶（19世纪）

军持是古印度一种使用广泛的日常蓄水生活用具，在佛教中军持被赋予了一定的宗教含义，之后便有了"净瓶"和"触瓶"之分。净瓶之水是在"非时"（佛教规定僧尼过午不食，如果僧尼在过午之后饮水则是"非时"饮）饮用；触瓶之水只有在中午前饮用才不违反戒律。军持传入中国后便将"净瓶"和"触瓶"混用并统称"净瓶"。

军持这种器皿有大小之分。小的是为个体僧尼随身携带之物，大乘戒律中明确规定军持是比丘十八件随身携带物之一；大的军持则是群体僧尼共同使用的器皿。随着佛教的发展，军持也逐渐成为一种法器，这主要有两种情况：第一种情况是，军持成为佛教神灵的手持法器，在显宗中主要是作为观音的手持物，并成为观音固定的法器之一，隋唐以后，观音手持净水瓶的造像或画面随处可见，观音手持物的净水瓶与常见的僧人使用的军持在形状上又有所不同，因为观音的另一个法器一般是杨枝，净水瓶是为插杨枝所用，于是观音手中的净瓶逐渐演变成中国长颈花瓶的形式；第二种情况是，密宗兴起之后，也有不少神灵手持军持，比如，藏传佛教中手持军持的有一面观音、千手千眼观音等，另外净瓶也是作为密宗受戒时，戒师对弟子进行灌顶的法器。

在藏传佛教中也经常在净瓶内装净水（甘露）和宝石，中插孔雀翎或如意树，象征吉祥、清净、财运以及福智圆满、永生不死。所以与普通日用品相比，净瓶的功用要复杂得多，意义也更为丰富。作为佛家用器的净瓶在我国有着不同寻常的发展之路。一方面，它的造型及装饰反映了宗教与我国传统艺术的结合，体现出我国不同时代的工艺及造物思想，也在一定程度上表达了人们的意愿和精神寄托。另一方面，也是我国在不同时期与各种外来文化交流的历史见证。所以说，虽然净瓶传入中国以后造型多变、功能日益丰富，但它始终与佛家世界有关，与普通瓶类有着本质上的区别。[49]

图中金质嵌宝石净水瓶（高 21 厘米，宽 10 厘米，现收藏于西藏博物馆），为双口净水瓶，顶部的小口是用来饮水的，而肩部的口是用来装水的。佛教上讲究清净并禁止杀生，军持咽细腹鼓并且有盖，可以防虫尘飞入，既能保持清洁又能增长慈悲之心，有利于修道。净水瓶通体为纯金打造，在莲台的圈足部、錾刻璎珞纹的圆腹部、颈部等处嵌以绿松石和红宝石进行装饰。细长的颈部顶端口还有一个色泽纯正的红珊瑚作为塞口装饰，整件器物华丽精美，具有典型的藏传佛教器物特点。

49.《净瓶》，李智英，《收藏家》2011 年第 8 期。

玉质达玛如鼓（1794 年）

达玛如鼓也叫鼗鼓，是西藏特有的一种槌击膜鸣乐器，属密宗法器。由于鼓体是由两个碗状腔体的底部对接而成，这就形成了一种无柄且中间相通的细腰双面拨浪鼓，又称"骷髅鼓"，主要用于民间巫师祭祀仪式和寺院法乐中。

达玛如鼓起初为西藏苯教的法器。相传，古代藏区有厉鬼作祟，搅得人心不安，有一位名叫尕黑的勇士，号召所有猎人出兽皮，木匠出木头，铁匠出铁器，做了一个很大的鼓，鼓声响亮，厉鬼闻声匿迹，从那以后，鼓便成为一种驱鬼之器而流行于藏区。公元 7 世纪佛教传入西藏后，达玛如鼓被吸收为佛教法器。达玛如鼓的制作选材存在着很大的不同，主要以显乘和密乘的区别而定。据吞弥·桑布扎（618~？，松赞干布七贤臣之一，早期语言文学家、翻译家、藏文创造者，著有《文法根本三十颂》）在显宗佛经中记载："海树木、桓树木、班砸日西夏之根、红檀木等均可任意选用。"然而，在《以持密法大乘依物圣器之注疏瑜伽行乐宴》中记载："密乘续部言，密教达玛如鼓要用夭折的 16 岁男子和 12 岁女子的头盖骨，这样会易于两个头盖骨靠背相合。据说这是由于 16 岁男子和 12 岁女子都处于青春年龄，若能用这个年龄段的头盖骨相接制成阴阳鼗鼓，其音会产生极乐的效果。"由此可见，密宗达玛如鼓头盖骨的选择颇有讲究，首先头盖骨必须选择自然死亡的男童、女童颅骨，且亡者及家人都是虔诚的佛教徒；其次头盖骨上要有自然形成的藏文"吽"字纹饰；最后还要请法师观看骨质，听敲击的声音是否符合要求。此外，按照密宗经典规定，鼓面蒙猴皮，猴子也要是自然死亡的，如果没有猴皮，也可用獐子皮、山羊皮等。达玛如鼓的每一部分都有宗教象征意义，如，达玛如鼓的空性鼓体象征着法身，两个鼓槌头象征着相与空的结合，达玛如鼓的手柄代表着"语"，鼓身代表"身"，丝织帐幔的尾边代表"意"。

达玛如鼓大小不等，规格尺寸不一，一般分为两种，较大的一般为民间巫师使用，鼓面直径20~30厘米，鼓厚（两个碗形鼓腔）10~12厘米，多为木质。鼓体多涂棕色或黄色，鼓面涂成深绿色。较小者，鼓面直径7~10厘米，鼓厚7厘米，多为人颅骨或象牙制成。鼓面两端均蒙以墨绿色羊皮。鼓腰左右两侧各系一条皮绳，两条皮绳的末端各有一个用红绸缎包裹的小鼓坠，鼓坠用水鸥类鸟的腿关节制成，并裹以皮或绒，在鼓坠上还绣有象征性的眼珠，寓意为鼓的眼睛。鼓腰以银带圈绕，上面镶有珊瑚、绿松石等宝石，腰下部装一环，环上系彩色缎带或丝穗作为装饰。

达玛如鼓演奏时，拇指、食指执鼓腰部位，其余手指托彩色缎带或鼓穗，左右往复摆动，使鼓坠敲击两端鼓面而发音，声音清脆、响亮。除了巫师祭祀使用外，寺院诵经或举行各种仪式时多与多吉尺布、冈林配合使用。另外，达玛如鼓也用于玛吉拉珍传播的为藏传佛教各派共同奉行的"断我执"修行音乐，还可以在寺院羌姆表演中作为道具使用，是藏传佛教极具代表性的打击乐器，具有浓郁的宗教特点。此外，在宫廷噶尔迎请仪式中也有使用，只是比诵经中使用的达玛如鼓略大一些，鼓腰要长一些。

图中玉质达玛如鼓（高9厘米，直径12.5厘米，现收藏于拉萨布达拉宫），由两块青玉黏合而成。鼓的腰部有镀金腰带，腰带上面嵌绿松石装饰。腰带的两个圆环上系有用来击鼓的绒线鼓坠，腰带的另一面系有绛红色的刺绣彩带，无论是鼓碗、鼓面、鼓槌，还是腰带、彩带工艺及材料都颇为考究。此鼓配有圆柱形木匣，匣内贴有一张藏、汉、满三种文字的标签，款文写着：乾隆五十九年八月利益新造青玉嘎布拉鼓一件。很显然，这件玉质达玛如鼓为清宫造办处制作，使用规格较高，应是乾隆晚年送给八世达赖喇嘛江白嘉措的礼物。

经夹板

图1. 木雕经夹板（13~14世纪）

图2. 木质描金素面经夹板（明）

图3. 象牙雕经夹板（清）

图4. 珐琅经夹板（清）

经夹板也叫护经板或封经板，主要用于保护经书及其他文献典籍，以防褶皱或撕裂损毁。用经夹板保护古籍文献的装帧形式被称为"梵夹装"，"梵夹装"是源于古印度以穿绳捆绕贝叶经的一种原始装帧形式。贝叶经是将修长硕大的贝多罗树叶裁成长条晾干，将梵文佛经刻写在上面，然后将写好经文的贝叶依段落、多少和次序排好，形成一摞。但由于晾干后的贝叶容易破损，不能弯曲或折叠，须用夹板夹住，并在夹板和经书上的中间或两端打孔，用绳的一端穿孔打结，另一端捆绕夹板和贝叶经，这样就形成了"梵夹装"。

梵夹装的书叶是在正反面从左向右横向书写，并且是叠叶式装帧，这就极大地提高了文字的承载量，对佛教文化的保存和传播起到了积极的推动作用。另外，梵夹装是采用"逐叶翻阅式"的阅读方式，这和现代阅读方式类似，相比中原地区卷轴装的"展开式"阅读更方便。梵夹装在魏晋时期传入汉地，虽然这种装帧形制有诸多优于简策和卷轴的特点，但并没有被汉地佛教书籍所采用，其原因一是因为书籍制作材料不同，魏晋时期的纸质轻薄柔软，若一味模仿梵夹装，穿洞时会毁坏纸张和文字；二是梵夹装是靠穿绳捆绑，一旦绳子断损，则全书散架，次序紊乱。

梵夹装装帧方式传入西藏后，因藏纸具有厚实、韧劲强且不易被戳烂等特点，经改良后被广泛采纳使用。传统的梵夹装是由夹板和经书一起打孔穿绳捆绑，传入西藏后，装帧方式有所改变，不再直接打孔，而是将经夹板与经书折叠后用黄绸缎布包裹再进行捆扎。但早期藏文经书上仍在纸面左右两端画有两个圆圈，模仿贝叶经梵夹装的穿绳孔。

藏传佛教经书的经夹板有上下两块，一般用核桃木、檀香木制成，且尺寸略大于经书的尺寸。比较讲究的经夹板表面还会雕刻或绘画佛像、火焰宝珠、吉祥八宝等图纹或镶嵌各种珠宝，装帧极其精美华贵，经夹板一般用上等的獐子皮绳捆扎并用特制的金属扣加以固定。

藏文经书被视为是佛语的重要记录而备受尊崇，百姓以拥有经书为财富，寺院则更以藏书量的多少显示其社会地位和教派的兴盛，多数寺院不惜工本，对所藏经书进行装帧、美化，包括经夹板在内的经书扉页装帧、插图装帧、文字装帧、边框装帧等，无论是材质选择还是装饰手法都自成体式，特色突出，精妙绝伦，更加彰显了经书的珍贵与神圣。

图 1 木雕经夹板（长 45 厘米，宽 15 厘米，现藏于西藏博物馆），板面雕刻有三世佛像，周边有三层不同纹饰的紧密花边作为修饰；图 2 木质描金素面经夹板（现藏于拉萨布达拉宫），该经夹板是明代永乐年间朱砂大藏经上的经夹板，正面绘有龛形图，图中用藏汉两种文字描金书写：律师戒行品，律师戒行经（第三卷）款书；图 3 象牙雕经夹板（现藏于西藏博物馆），板面雕刻有四大天王和一位护法神，周边有梵文、花卉纹等四层花边修饰，雕刻精密；图 4 珐琅经夹板（长 40 厘米，宽 10.5 厘米，现藏于西藏博物馆），通体以黄色珐琅釉为底，正板面满饰缠枝莲花、双龙纹，底板面满饰缠枝莲花、吉祥八宝、梵文六字真言，其纹饰均以精美的掐丝珐琅工艺制成，色彩缤纷绚丽，装饰富丽华贵。

此外，西藏萨迦寺"布底甲弄玛"经书的经夹板可谓是西藏经夹板装饰艺术的集大成者。经书长 1.34 米，宽 1.12 米，厚 67 厘米，仅上下经夹板就厚达 41 厘米，形制厚重、方正，板面上浮雕有精美莲花卷草纹饰和瑞兽吉祥图案，经夹板两边安有铁环，据说，8 名壮汉手持铁环，才能勉强挪动，需由 4 名僧人协同才能翻阅经书。

鎏金佛塔（明永乐）

图 1. 鎏金聚莲塔　　　　图 2. 鎏金神变塔　　　　图 3. 鎏金和好塔

公元前 800 年左右，古印度出于纪念民族英雄、国王、功臣伟大功绩的目的建成了一种特殊建筑，这就是最早的塔（Stupa，窣都婆）。这一纪念形式，在释迦牟尼涅槃后被佛教所继承，又随佛教传播到世界各地，形成了诸多类型的佛塔。

小乘《涅槃经》中记载了"舍利八分"的传说：释迦牟尼涅槃并在荼毗火化的消息传出后，七部族聚集在拘尸那，向马拉族提出分配舍利的要求，马拉族企图独占舍利而拒绝了这一要求，被激怒的七部族聚兵拘尸那，准备攻城，攻守双方，剑拔弩张，一触即发。后来通过一位婆罗门的仲裁，将舍利分成 8 等份给各部族并各自建造佛塔分别供养。后来，刹帝利和婆罗门，又用佛的骨灰在各地建立了 10 万座佛舍利塔。

有关历史记载，信徒们不惜发动战争以求占有舍利并在自己的国内建塔供养、祈求获得今生和来世的幸福，这与上述涅槃经的记载相符，充分说明舍利具有超凡的神圣威力和不可替代的最高价值。信徒们通过保管和收藏舍利而得到福德和恩惠，供养舍利正是实现这一目的的机会。[50]佛经中说，造塔、绕塔、顶礼佛塔甚至只是见到佛塔或被其影子触及身体的众生，都能得到十八种利益。佛经中还有这样的记载：一只苍蝇为追逐粪便的臭味，无意中飞行绕了佛塔一周，因为这无意中造下的绕塔善行，它在后来转生中，变成了佛陀的弟子。由此可见，佛塔是一种有着极为广大利益的圣物。

早期建造佛塔是为了供奉经过戒、定、慧之所熏修的释迦牟尼佛祖及佛祖大弟子阿尼律陀、阿难陀、舍利弗、目犍连等的舍利或埋葬高僧大德舍利、骨灰，后来也出现了用佛塔来珍藏佛经或各种法物的现象，或是以金、银、琉璃、水晶、玛瑙、玻璃众宝等替代舍利置于塔中用于供奉。

随着佛教在西藏的传入与兴盛，佛塔的形式和功能也有了很大的变化与发展，其中，八佛塔也叫"善逝八塔"，是藏传佛教中最为流行的样式。佛经上讲，善逝八塔最初是为了纪念佛陀一生的重要事迹而建造，其中，聚莲塔是为了纪念佛陀在蓝毗尼的诞生；菩提塔是为了纪念佛陀在菩提树下得道成佛；多门塔是为了纪念佛陀在鹿野苑初转法轮；天降塔是为了纪念佛陀从天界返回人间；神变塔是为了纪念佛陀在舍卫城慑服外道；和好塔是为了纪念佛陀在竹林国调息僧争；尊胜塔是为了纪念佛陀在广严城加持年寿；涅槃塔是为了纪念佛陀在拘尸那城涅槃。藏传佛教佛塔建造与佛像的绘塑、佛经的书写均源自于藏传佛教工巧明中的理论学说，其中佛像的绘塑代表了佛"身"；佛经的书写代表了佛"语"；佛塔的建造则代表了佛"意"。

藏传佛教的佛塔由塔基、塔身、塔颈、塔刹四部分组成，佛塔的每一处都具有象征意义，佛塔的各个部位都表示了不同的宗教意义。塔基象征"须弥山"；瓶状的塔身象征"功德圆满"；十三层的塔颈象征佛教中所谓的"十三重天"，表示修成正果的十三个阶段；塔刹又分为火焰、日月及承露盘，象征"苍

50.《都兰出土舍利容器——镀金银棺考》，许新国，《中国藏学》2009年第2期。

穹"。松巴·益西班觉在其著作《18世纪造像度量文献〈佛像、佛经、佛塔量度经注疏花鬘〉》中解释，佛塔上的六瓣莲花象征六随念；塔基象征十善法；塔阶象征四随念；塔瓶象征法力；塔珞象征圣者及菩提三十七道品；莲花上的法轮象征十力和三近住；经咒象征大慈大悲和十六大空合二为一；塔伞和雨遮象征智悲双运；雨滴檐象征事业兴旺；日月象征智慧。

图1鎏金聚莲塔（高28.5厘米，宽13.2厘米，现藏于西藏博物馆），塔基为束腰须弥座，束腰部分中间各有一只造型生动的狮子。束腰须弥座上为四层宝装覆莲，其上承以覆钵状的塔身，塔身上的亚字形刹座边沿刻有"大明永乐年施"款。图2鎏金神变塔（高29厘米，宽13.3厘米，现藏于西藏博物馆），图3鎏金和好塔（高28.5厘米，宽13.2厘米，现藏于西藏博物馆）。这3件鎏金佛塔，均有"大明永乐年施"六字款，属于永乐年间宫廷所造，其历史、文物、工艺价值实属难得。永乐年间宫廷造善逝八塔为组合塔，西藏博物馆珍藏着聚莲塔、神变塔、和好塔、天降塔四件，另外四件现保存在西藏萨迦寺。

银质鎏金錾花象牙柄转经筒（18~19世纪）

图1. 银质鎏金錾花象牙柄转经筒　　图2. 银质鎏金錾花象牙柄转经筒局部

转经筒又称转经轮，在藏语中译为玛尼轮，它是藏传佛教修行中最为常见和最为特殊的一种方便法门。佛教认为，佛教之代表为法轮，经典之代表为密咒，置密咒或经典于法轮中摇之，其功德与朗诵经咒相同。[51] 按照佛教上的解释，转动或触碰装有密咒要诀的经轮，等于同时观修了上师、本尊、空行母三根本，念诵了一切心咒，即可清恶业和障碍。每转动一次经轮就等于念诵了一遍内藏的经咒，持续转动则功德持续累加，可谓是既简单又深具功德利益的法门。佛教对这一修行法门的解释，让无数众生尤其是不能诵读经文、经咒的信徒有了接近佛法修行、获得佛法加持的机会，因此转经筒成为藏传佛教信徒祈祷仪式中的重要内容之一。

　　有关转经轮（转经筒）的来源，在佛教典籍中有两种传说：一种说法是观音菩萨派龙树菩萨从龙宫中取得，龙树将经轮教法传给了狮面空行母，狮面空行母将它传给大成就者帝洛巴，帝洛巴传给大学者那洛巴，那洛巴把它传给大译师玛尔巴，玛尔巴传给米拉日巴尊者，米拉日巴再传给冈波巴，冈波巴再传给第一世噶玛巴都松钦巴，经过历代祖师，被广泛传播到藏区各地；另一种说法则是，转经轮法门是由五方佛传授于狮面空行母，狮面空行母传予龙树菩萨，当龙树菩萨在自己闭关房顶上借用风力转动经轮时，于定中得见上师、本尊及观世音菩萨的无量化身加持自己。后来龙树菩萨再让施主秋吉加布转动《甘珠尔》的经轮，玛尔巴也得此法传承，并加以整理。由此我们可以推断，转经轮及其教法应是由龙树菩萨传到西藏，并由大译师玛尔巴在西藏兴盛起来的。玛尔巴（1012~1097年）是藏传佛教后弘期噶举派的创始人之一，著名的大译师，在诸多典籍中记载，他曾三次赴印度、五次赴尼泊尔，拜师100多人，由以上可见，玛尔巴将转经轮法门在西藏发扬光大是具备各种先决条件的。

　　传统的转经轮因动力不同分为水转经轮、风转经轮、火转经轮、土转经

51.《浅谈藏传佛教的祈祷仪式》，钟玉英，《世界宗教文化》2006年第1期。

轮及手转经轮五种类型，随着时代发展和科技进步，人们还发明了电动转经轮和太阳能转经轮等。转经轮内藏的经文、经咒一般为木板印制或手抄，可用金色、银色、红色、黑色等颜色书写或印刷，表示增益、消灾、怀爱、调服，且经文在书写时需无错、连续不间断。轮内以铁棒作轴心，外套上檀香木或柏木所造的中轴，将印好或抄好的经文、经咒卷起来，松紧适度地放入经轮的中轴上，经文经咒不可倒置。转经轮质地以金为贵，银次之，铜再次之，最次为铁造。转动时必须以顺时针方向转动，即右旋转动，又称吉祥转，身语意俱齐，即手转动经轮，口诵读经咒，心观想本尊，三动齐动功德无量。

图1银质鎏金錾花象牙柄转经筒（长36厘米，直径9厘米，现藏于西藏博物馆），由银质转轮和象牙柄两部分组成，制作精良，转轮表面刻有六字真言及吉祥八宝等精美图案，其中部分图案鎏金。轮上还缀有用以加速转动的小坠。

曼扎（18世纪）

图1. 银质鎏金七政宝纹曼扎　　图2. 银质錾花珊瑚曼扎

曼陀罗是梵文 mandala 的音译，意为"坛城"，藏语称"金廓""曼扎"。相传，在古印度，密教修行者为防止魔众干扰，而在修行场地画上一个圆圈或筑起一个土坛作为坚不可摧的修行道场，这就是最早的坛城形式。后来阿者黎授戒弟子或国王即位时，邀请来自东南、西南以及过去、现在、未来十方三世诸位神佛到土坛亲临做证。根据这样的传说或记载，后人开始尝试用建筑和绘画等艺术形式，塑出或绘出诸佛和菩萨的次位及形象，形成了佛教密宗中表现宇宙模式的神秘图形，这便是密宗坛城。密宗的坛城是在吸收显宗理论和外教天神崇拜、咒术、供养方法等仪式的过程中，逐渐组织化、系统化，最终形成的构图多样、内涵复杂的曼陀罗文化，成为佛教体系中一切最高层次和最深远境界的图像。[52] 根据空间维度，坛城分为平面坛城和立体坛城，其设置方式涵盖了绘画、雕刻、造像、建筑等多种艺术类型。

曼扎属于立体坛城中的供器，一般供奉在佛堂的供桌前，意为用世间最珍贵的宝物盛满三千大世界，并奉献给佛、法、僧三宝，其发愿、功德与大型建筑坛城视为相同。曼扎一般在举行密宗法事活动时使用，由寺院主持或高僧一边诵念经文，一边往曼扎上撒上金、银、珠宝、药材、大米、石头、沙子等无色杂粮或者珍宝，撒满底层曼扎盘后，再逐层叠放依次向上收敛的中空塔圈，每放一层，即在圈内撒满五谷珍宝，逐层向上叠放，最后在第四层塔圈上面放上象征财宝的法轮，即形成象征须弥山的宝塔式曼扎。佛经上说须弥山是由金、银、铜、铁四宝组成，所以曼扎的塔盘和塔圈也多用金、银、铜、铁等金属薄皮镂刻而成，并在曼扎的塔圈外镶嵌珠宝。此外，也有的用金属丝直接串缀珍珠或红珊瑚等宝石制作塔圈，如图 2 银质錾花珊瑚曼扎（高 21.5 厘米，底径 16.5 厘米，现收藏于西藏博物馆）中的中空塔圈便是用金属丝线串缀红珊瑚和珍珠等制成。

图 1 银质鎏金七政宝纹曼扎（高 31 厘米，底径 18.2 厘米，现藏于西藏博

52.《金刚座宝塔与曼陀罗文化考略》，李光明，《法音》2004 年第 2 期。

物馆）由银质的曼扎盘、四层塔圈和一座千辐法轮组成。曼扎盘及四层塔圈均采用镂雕工艺，第一层塔圈上錾刻着由金轮宝、神珠宝、王后宝、大臣宝、大象宝、胜马宝、将军宝组成的七政宝鎏金图案，相传，这七种宝物是随着转轮王的出生而出现的，转轮王用此七宝降服四方，成为古印度神话传说中的圣王，后来这七政宝被佛教吸纳应用，成为佛教中的"大圆满七支觉"，代表着通往大圆满路上克服"惑"或"障"的"觉悟"。此外，藏传佛教中的七政宝图案除用在曼扎等供器上外，在佛像、壁画、唐卡中也有出现；第二层和第三层塔圈上錾刻着鎏金的十六位金刚天女像，其中还穿插镂雕八仙纹和八宝纹；第四层塔圈上錾刻着鎏金的吉祥八宝纹；最顶层的千辐法轮，用蔓莲和八宝纹修饰，法轮中央镶嵌有红色宝石。整件曼扎供器，雕刻工艺精细，纹饰精美。

金质颅内供器（清）

图1. 金质颅内供器　　　图2. 金质颅内供器座托　　　图3. 金质颅内供器颅骨

颅内供器梵文称"嘎巴拉"，意为头盖骨，是藏传佛教密宗中最具有代表性的一种法器，一般供奉于密宗殿堂，在举行佛教密宗最高密法——无上瑜伽密灌顶仪式时使用，除此之外，颅内供器也作为密宗神灵的手持物出现。

《乾隆御制文集·古噶巴喇供碗赞》中记载了最早的颅内供器来源："我闻在昔，佛月光明，以头施檀，普度众生。左旆檀涂，右利刀割，于此二人，不分别拨。五印三藏，古德多有，用是义例，自施其首。十方十色，一以化之，同凡悲仰，共圣慈悲。是真供养，无供养者，作赞饶舌，波罗般若。"这段文字的大意是：月光明佛生性好施舍，悲悯众生，最后将自己的头颅也施舍出去了。于是，印度和西藏的高僧大德纷纷沿用此例，也于逝后将自己的头颅施舍出来，作为法器和祭器使用。

从佛教发展史中可以看出，颅内供器作为密宗法器使用，并非突发现象，而是佛教逐渐摆脱了大乘教派的经院哲学并走向神秘化和仪轨化，与普通信众的要求趋于一致的结果，尤其是讲究秘密修持和念咒施法的印度教对佛教密宗法器的影响巨大，许多印度教的法器被佛教密宗修行者接受并广泛使用，颅内供器正是在这种情况下被引进的。随着佛教在西藏的传播，大量密教经典和法物涌入西藏并与苯教发生了强烈的冲突，佛教密宗传入之初，苯教徒还曾抓住其使用人骨法器这一点进行猛烈抨击，但很快他们自己也适应并接受了这类法器。据敦煌藏经洞的藏文资料记载，早在唐代以前西藏就有出身苯教的天葬师，他们负责解剖尸体、送走亡灵，这也就说明，苯教师使用人骨法器应该有足够的心理承受能力。因此可以说，颅内供器及其他藏传佛教人骨法器的广泛流行，是外来影响与西藏固有传统相互融合的结果。

颅内供器是密教修行中的清净法器之一，是佛门中的神圣之物。不是所有信徒或修习者的颅骨都可以制成供器，而是高僧大德圆寂之前发下大慈悲，愿以智慧之颅作施舍，制作法器，利益众生。高僧大德深悟妙法真谛，其施舍的头颅也就自然成为佛教智慧的象征。作为供养之器，可以使信佛之人除去自身的恶业，获得更多的善益；作为修行之器，可使修持密法之人凭借先师智慧，获得解脱之道，迅速成就。所以，从西藏地区的广大僧俗到元朝以后的历代皇帝，都对此器礼敬有加。头盖骨纹路和开片多少是衡量颅骨能否作为法器的重要参考标准，开片少的为上乘，一般开片在 2~4 片最好。

图 1 中金质颅内供器（高 25.5 厘米，宽 18.5 厘米，现藏于西藏博物馆）据说是昌都察雅寺活佛敬献给达赖喇嘛之物，为大贤者阿热丹贝旺秋的颅骨所制。颅内供器的盖部和底座均为纯金制作，盖上錾有繁密的莲瓣纹、八宝纹和缠枝花卉纹，盖口边缘上嵌绿松石和珠宝，盖顶是一个杵形钮，以示邪魔不能入侵。座托上雕有三颗人头，代表愚昧已被征服，底座为三角形，象征供养此器能降服一切邪恶。此件金质颅内供器的奇特之处在于颅骨外面有自然呈现的日、月、咒语及祝颂语，并有明显的六字真言中第一个藏文字母"签"。整件器物选材精细、制作精美、工艺考究，通体镂雕卷叶纹等图案，是颅内供器中的极品之作。

银质嵌宝石胫骨号（清）

图 1. 银质嵌宝石胫骨号　　图 2. 银质鳌头胫骨号

胫骨号藏语称"刚洞"，是藏传佛教寺院一种唇振气鸣乐器。一般是用因难产而死的孕妇胫骨制成。佛教信徒认为，一个妇女之所以难产而死，是因为她前世的罪孽太重，把她遗体上的胫骨献出来做成法号，就能洗清她前世的罪孽，以求来世转生为善。关于胫骨号成为密宗法器，有这样一种说法，据说是一位避世隐居的印度大成就者在天葬台独自夜半苦修，胫骨号尖厉的声音唤起了他厌世悲悯之心，从此胫骨号成为密宗修法时常用的一种乐器。公元8世纪，胫骨号随密宗从印度传入西藏，成为藏传佛教密宗中经常使用的法乐之器，是修无上瑜伽密时必备的法器，据说其独特的声音能恫吓并驯服一切邪恶鬼神。除此之外，还在密宗仪轨、羌姆及"绝"教法修炼中使用。

胫骨号的使用及功能是与藏民族的宗教信仰紧紧相连、密不可分的，西藏千百年来所形成的政教合一、全民信教的社会性质，使得藏族人民的意识形态和思维方式一直受到苯教和藏传佛教的禁锢与影响。人们早已习惯了在现实世界中无法解释的问题，而诉诸神灵的庇佑，听天由命的宿命论。当然，在人神相通的过程中，乐器发挥着桥梁与纽带的法器功能，成为僧侣信众表达情感的媒介。传统的胫骨号是用难产死去的孕妇胫骨制成的，看似野蛮，实则是一种神圣性的体现，藏传佛教就通过这种类似于原始祭祀的方式，将人体骨骼的某一部分做成乐器，人的肉身虽然不在了，但是用其骨骼制成的乐器，依然为佛祖的五大供养之一的音乐所服务，在经文咏诵的过程中实现通神、娱神的功效，进而达到修道成佛的目的，充分体现着藏传佛教的神圣性和神秘感。[53]

随着社会文明的进步，有些寺院使用的是一些传世胫骨号，但也有很多寺院已逐渐改用动物胫骨号或是金属材料质地的"仿胫骨号"。

传统的胫骨号除了质地上的特殊要求外，还特别讲究其外形的美观，因而各教派竞相争辉，用金银白铜等镶嵌制成各种装饰图案，号嘴也以鳄鱼等动物的嘴型来美化。图1银质嵌宝石胫骨号（长43厘米，现藏于拉萨布达拉宫），通体包银，号的上端用紧密的银丝缠绕，号身有三段兽首金箍装饰，号口及

---

[53].《藏传佛教乐器及其文化研究》，马良，《音乐时空》2015年第17期。

边沿处饰连珠纹并嵌有松石、红宝石及珍珠等。图 2 银质鳌头胫骨号（长 48 厘米，口径 6.2 厘米，现藏于西藏博物馆），号口处镶有鳌头金饰，号身镶嵌宝珠，为仿胫骨号。

白海螺

图 1. 八卦纹白海螺

图 2. 乾隆皇帝赐八世达赖喇嘛白海螺

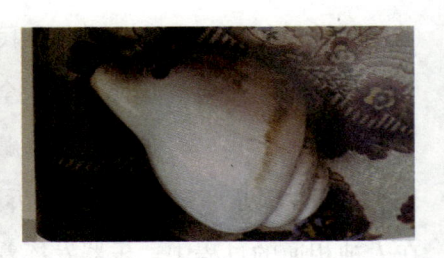

图 3. 忽必烈赐八思巴白海螺

  海螺也称法螺，是法会时吹奏的乐器之一，也是藏传佛教常用的法器。作为法器，以白色的右旋海螺最受尊崇。据佛经上讲，2500 年前释迦牟尼在鹿野苑初转法轮时讲法声音洪亮，犹如大海螺的声音响彻四方，所以用它来代表法音。听到法螺的声音，众生可以消除罪障，进入极乐世界。帝释天为佛陀赠献了一只右旋白色海螺，从此以后，右旋白海螺作为佛陀宣讲佛教教义及佛"语"之力量的象征开始盛行于天界与人间。在伽耶菩提道场、那烂陀、比扎马西拉、索玛日苏、祥瑞哲蚌等印度各佛教圣地，转法轮时都会奏响海螺。海螺号筒般的声音是佛陀三十二个大相之一，其声音响彻整个十方大地。在肖像画法中，佛陀喉部的三条海螺形状的皱褶代表着这一大相。[54] 此外，右旋海螺也曾作为古印度战神的器物，被当作战斗号角使用，以巨大的海螺号

54.《藏传佛教象征符号与器物图解》，[英] 罗伯特·比尔著，向红笳译，中国藏学出版社 2007 年 4 月版。

声宣示人们在战斗中表现出的骁勇和胜利。

早期的印度把海螺分为阴阳两类，厚壳球茎状海螺是阳性的，而薄壳细长型的海螺是阴性的。除此之外，古印度时也用不同的海螺来象征四大种姓，表面光滑的白海螺代表婆罗门，红色海螺代表刹帝利，黄色海螺代表吠舍，而灰暗色海螺代表首陀罗。

图1八卦纹白海螺（17世纪，长35厘米，宽21厘米，现藏于西藏博物馆），螺身洁白细腻，自左向右旋的螺纹清晰可见。海螺上嵌葫芦形银嘴，银包翅，翅上刻浮雕八卦和祥云，部分图案鎏金。图2清御赐白海螺（18世纪，长19厘米，宽10.5厘米，现藏于拉萨布达拉宫）为乾隆皇帝赐予八世达赖喇嘛的白海螺，器身上雕刻有跏趺坐于莲花座上的7尊佛像，内刻乾隆皇帝手迹赞文，是乾隆皇帝送给八世达赖喇嘛的礼物。图3忽必烈赐八思巴白海螺（现藏于西藏萨迦寺）为元朝忽必烈献给其上师八思巴之物，据传是释迦牟尼初转法轮时使用过的那件白海螺，被认为是萨迦寺的"镇寺之宝"，寺中僧人视其胜于生命，仅在重大宗教节日才开启木匣，请出白海螺交于寺内高僧吹响。

右旋白海螺作为佛教供养法器从7世纪传入西藏至今，其功能和使用范围也得到了拓展，被赋了除宗教寓意之外的许多民俗文化功能。其特征主要表现在两个方面：一是作为头饰、手饰、服装坠饰；二是右旋海螺作为西藏传统的吉祥八宝之一，经常出现在民居建筑的装饰中。以上两方面的应用，都能起到驱灾辟邪、求得安福的作用。

合金金刚铃杵（明宣德）

金刚杵原来是古印度的一种兵器，以其坚固不坏，无坚不摧而得名。后演变为密宗法器，象征摧灭烦恼的菩提心，为密宗修持获取成就的必备法器之一。金刚铃杵是由金刚杵和金刚铃两部分构成，上半截是金刚杵，下半截是金刚铃，其审美与象征寓意深刻，其中金刚杵代表"慈悲"与"男性"，寓意"无法抵挡的力量"或"持久不变"，可摧破一切无知愚昧，其形状有独股、三股、五股、九股之分，最常见的是三股和五股；金刚铃代表"智慧"与"女性"，摇铃之声可督励众生精进并唤起佛、菩提之警觉，寓意"惊觉诸尊，憬悟有情"。金刚铃和金刚杵组合使用时，手持者双手相交，除隐喻男性与女性的亲密结合之外，更代表慈悲与智慧的结合。

金刚铃杵是在公元8世纪由寂护、莲花生两位古印度佛学大师带入吐蕃，并用在了桑耶寺落成大典上，这应是金刚铃杵在藏传佛教中的首次使用。

图中金刚铃杵和九股金刚杵是明宣德年间宫廷铸造的法器精品（金刚铃杵高19.5厘米，宽13厘米，金刚杵高14厘米，宽3.5厘米，现藏于西藏博物馆），金刚铃杵的柄顶处由弯曲莲瓣与中央直杆组成九股杵，每一股杵的边沿饰以永宣造像中常见的细小宝珠装饰，杵下为一尊静相菩萨，头戴花冠，双目微合。铃腹表面凸铸覆瓣莲花，莲瓣中刻有六字真言，下为口吐连珠的兽首，吐出的珠宝宛若珍珠的垂幔。铃内外光滑晶亮，铃内铸有"大明宣德年施"楷书款识，款识对面还铸有梵文"陀罗尼"三字，代表了身、语、意。金刚铃的材质为合金，其握柄处同金刚杵一样，均为黄铜，并施与鎏金。器型端庄，工艺精湛。

第六章

瓷器

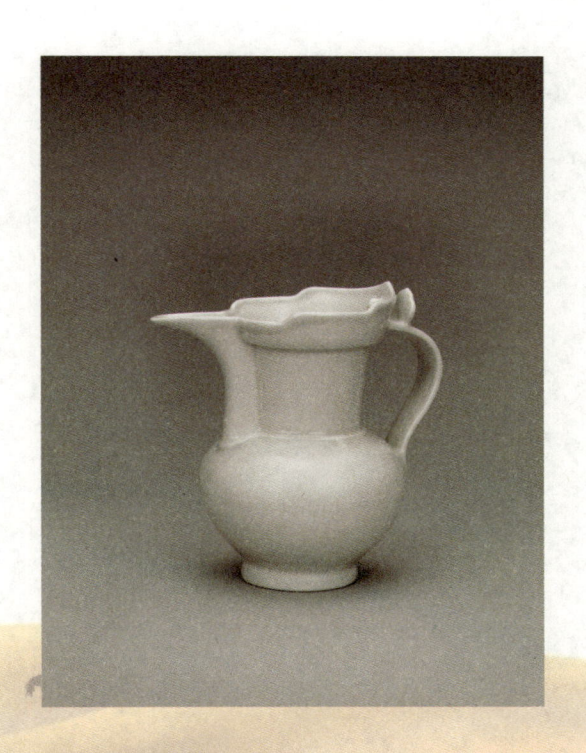

白釉锥刻缠枝花纹僧帽壶

草木集

猶奈

釉里红缠枝牡丹纹执壶（明洪武）

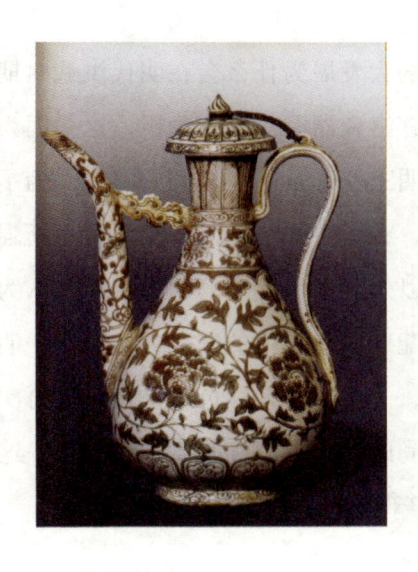

中国是世界上最古老的制瓷古国，制瓷工艺已有4000多年的历史。彩瓷是指在瓷器的器物表面施与彩绘的瓷器，因结束了漫长的"南青北白"的制瓷局面而成为传统名瓷。三国时期开始出现用"铁"作为呈色剂的褐色彩瓷。随着烧制工艺的不断改进和呈色剂的丰富，逐渐出现青瓷、白瓷、黑瓷等多种单一釉色瓷器。

釉里红是著名的釉下彩绘瓷器品种之一，创烧于唐代长沙窑，元代时景德镇窑釉里红烧制技艺日臻成熟。因与青花瓷齐名，釉里红和青花又被誉为中国陶瓷史上的姐妹花。我国著名陶瓷考古专家冯先铭先生在其著作《中国陶瓷史》中阐释："釉里红是在瓷胎（坯）上用铜红彩着色，然后施与透明釉，用高温一次性烧成的釉下彩瓷。"釉里红极其珍贵，不仅是因为艳丽的色彩具有稳定性，还因为在焙烧过程中对窑室中的气氛要求十分严格，具有"千窑一宝"的极高难度，成品率非常低，所以元以前流传至今的实物很少。釉里红真正得到统治者追捧并被大量生产是在明代洪武时期。此时的釉里红瓷器，纹饰的勾勒描绘、平涂渲染、红地露白等难度较大的瓷绘技术已经能够运用自如，而且铜红色料的呈色也较元代稳定，成为当时最优秀的彩瓷品种。

至于釉里红瓷器的大发展为什么会在明代洪武时期，瓷器学家刘洋教授在《明代洪武釉里红官窑瓷器》一文中分析，这是因为朱元璋由平民身份登上帝位之后，企盼大明王朝千秋基业永固的愿望。为了彰显明代取缔元代是顺天应人的朝代更替，在上层建筑规范中洪武帝不断强化明王朝的合理性和正统性理念。首先，以朱元璋为代表的明初统治者认为明代属于"五德"中的火德。而火德一般配以五色之中的红色，这奠定了明初尚红的思想基础。其次，明代皇帝姓朱，"朱"为大红色，是正色。再次，红色也是华夏民族特别是汉民族十分崇尚的颜色。尚红制度顺时而生，这便是釉里红瓷器开始得到明朝帝王的推崇并得以快速发展的根本原因。

作为明朝的开国皇帝积极倡导国民使用瓷器，下旨仍沿用元朝景德镇窑场为皇家御窑，承担宫廷御器和政府对内对外赐赠和交换的全部官窑器的烧造。釉里红被明初皇室选为宫廷用瓷，釉里红和明初的黄釉、蓝釉、红釉等品种仅限于官窑生产，而从明初开始，青花瓷基本维持替官、民窑平行生产的格局。洪武窑虽然烧造时间不长，只有数十年时间，但对釉里红瓷器的烧制，往往是"千里择一"，不计费用多寡，只求精品。釉里红成为洪武时期的代表瓷器。[55]

西藏位于我国西南边陲，历代君王都将其视为与中原地区之间有着唇齿关系之地，大明建立伊始，即遣官入藏，持诏招抚藏区有影响力的政教上层人物。"多封众建"的施政举措，使得西藏僧俗头目屡屡进京朝贡，薄贡厚赐的怀柔之策使进京朝贡团队有增无减，朝贡时间一再被缩短，一度成为藏汉关系史上最密切的朝贡时期。洪武时期的瓷器也作为赏赐物品源源不断地传入西藏。

55.《明代洪武釉里红官窑瓷器》，刘洋，《陶瓷科学与艺术》2009年第1期。

古人十分推崇"器以载道"的造物思想。每一件器物的盛行都承载着当时背景下的制度规范、文化观念以及审美趣味。执壶是唐朝中期由隋代的鸡头壶演变而来的一种古代酒器，又称注子、注壶。这种器皿造型融入了中国数千年陶瓷文化和酒文化，执壶的用途从用来注水发展到用来盛酒、温酒与点茶时盛水，逐渐兼顾了饮酒与品茶两者的需要，备受人们喜爱，并在以后的各朝代中一直沿用并发展着。执壶传入西藏后，也逐渐成为日常生活中盛水、盛茶的常见器具。

　　图中的釉里红缠枝牡丹纹执壶（高37厘米，口径7厘米，足径11厘米，现藏于西藏博物馆），唇口、粗颈、斜肩、硕腹、圈足。壶身前置弯曲长流，后设扁带形执柄，流和颈有云形纽带相连。口置珠宝钮盖，盖钮与柄设银链相连。通体绘釉里红纹饰，发色纯正艳丽，颈部绘有蕉叶、卷草、缠枝菊花纹，其主体纹饰为腹部缠枝牡丹纹。牡丹因其花大、形美、色艳、香浓，自古便有富贵吉祥的寓意。下腹绘仰莲瓣纹，足墙绘卷草纹，流、柄均绘串枝如意纹。盖绘覆状莲瓣及卷草纹。该器造型端庄，美观大方，纹饰布局严谨，绘工精细，为洪武釉里红瓷器中的精品，且保存完好，更属罕见。[56]

白釉锥刻缠枝花纹僧帽壶（明永乐）

56.《西藏博物馆明清瓷器精品》，西藏博物馆编，中国大百科全书出版社2004年9月版。

图中瓷器是一件明朝永乐时期景德镇官窑烧制的甜白釉僧帽壶。甜白釉即瓷器的一种釉色名，是在元代枢府瓷的基础上发展起来的。"甜白"一词在《陶录》中解释为甜净之意。据刘新园先生考证，甜白一词的出现与白砂糖有密切关系，即永乐、宣德白瓷与白砂糖的颜色非常接近，因而给人以甜的感觉。甜白釉的成功烧制，为明清彩瓷的发展创造了有利条件。

有关僧帽壶的来源，一种说法是因为其形状酷似藏传佛教僧人所佩戴的五方佛冠；另一种说法与噶玛噶举派黑帽系活佛有关，元朝政府册封噶玛噶举派第二代传人噶玛拔希为国师，并赐金缘黑帽，其样式成为后来元朝赐给国师帽子的式样，亦称五方佛冠。僧帽壶正是源于这样的文化背景下开始制作的，因壶口形似僧人帽子并具有强烈的藏民族文化风格而世代相传。

在传世品中，元代僧帽壶常见青白釉；明代僧帽壶以永乐、宣德年间的红釉、甜白釉最为珍贵；清代僧帽壶多沿用明代僧帽壶式样发展，几乎在所有著名瓷器品种中都有僧帽壶的制作。西藏各寺庙及文物部门珍藏的大量此款器型，主要是通过历代皇帝赏赐、西藏地方订烧、汉藏贸易三种渠道进入西藏。关于僧帽壶的用途，起初景德镇官窑生产的僧帽壶因造型形似僧帽而深受藏族同胞的喜爱，作为供佛礼器使用，后来民间窑厂也开始仿制其造型，并制作各种质地的僧帽壶，逐渐演变成储茶盛奶的壶具。在西藏本地，也制作各种质地的僧帽壶，甚至还有一些陶制的小型灯盏也采用这种造型。可以说，僧帽壶既体现了汉藏两个民族的代表性文化特征，又见证了汉藏民族友好交往的历史。

乾隆十年养心殿造办处《各作成做活计清档》中记："三月二十日，司库白世秀来说，太监胡世杰交霁红僧帽壶一件，无盖。传旨照京内僧帽壶盖木样一件，交江西照样烧造霁红盖送来，其僧帽壶配座，呈进时声明头等。钦此。"此条档案说明，僧帽壶在景德镇御窑场是作为非常重要的器物烧制的。

另外，僧帽壶不仅是作为赏赐蒙藏僧人的物品，也是宫内的陈设物品。

明初是明中央治理西藏的重要时期，也是明朝治藏政策的完善与定型时期。明成祖不仅尊崇藏传佛教，采取"多封众建，尚用僧徒"的策略，其对西藏用心之切，介入之深，也是空前绝后的。成祖在位期间，先后封噶玛噶举派的哈利玛为大宝法王、萨迦派贡噶扎西为大乘法王，又分封了五大教王，还陆续将一大批西藏僧人封为灌顶大国师、灌顶国师、大国师、国师、禅师等。宣宗即位后，又封格鲁派释迦也失为大慈法王。这些分封行为引发藏区各地政教首领争相前来朝贡请封，对此明廷则在经济上给予数倍甚至数百倍优厚的回赏，以扩大对藏区的影响，加强同西藏各地方势力的联系。而这一时期，以宫廷主导制作的前所未有的精美金铜佛像、瓷器等，用于赏赐西藏上层僧俗，便是扩大宫廷对西藏影响的一种最有效方式。由此可知，西藏寺院收藏的那些不计工本、工艺超群、精美绝伦的瓷器，正是与这段特殊的历史背景相关。

瓷器僧帽壶装饰，主要体现在白釉、青花和景泰蓝等僧帽壶上，内容多为八吉祥图案、缠枝纹、番莲纹、卷草纹、折枝牡丹纹、龙纹、八思巴文等。

图中白釉锥刻缠枝花纹僧帽壶（高19厘米，口径11.3厘米，底径7.5厘米，现藏于西藏博物馆），胎薄釉润，造型秀美，锥刻精细，是永乐甜白釉中的珍品。

青花缠枝莲托八宝纹高足碗（明宣德）

图 1. 青花缠枝莲托八宝纹高足碗侧面　　图 2. 青花缠枝莲托八宝纹高足碗足部及内壁

高足碗也称马上杯，上为碗形，下有高柄。新石器时代出现的"豆"即为最早的高足碗雏形。元代时瓷质高足碗（杯）达到极盛，成为元代器具中最具有时代特色的一种器型，这与元朝疆土的空前扩大，特别是与西域文化的广泛交流及蒙古游牧民族特有的饮食习俗有关。

元代瓷质高足碗以景德镇烧制的青花、枢府釉高足碗为代表，而龙泉窑、德化窑、钧窑、磁窑等均有大量生产，使高足碗的生产达到空前的盛世水平，明清时期高足碗作为中国文化传统被继承延续下来，品种有青花、斗彩、粉彩、青釉、红釉等。1998年在北京颐和园发掘了耶律楚材次子耶律铸夫妇的合葬墓，墓中出土两件非常精美的枢府釉瓷高足杯，据墓志铭记载，该墓下葬于1285年，这是迄今为止发现最早的元代高足杯（碗）资料。藏地流行的高足碗，又称"茶锺"，始于元朝本钦甲哇桑布主持宣政院时期，因受明成祖、宣宗与西藏上层僧侣的密切往来、及对藏传佛教的尊崇和治理西藏理念的影响，高足碗遂成为僧人日常饮茶诵经佛事活动之必备和最具藏传特色的饮茶用器。[57] 高足碗

57.《西藏寺庙存世大量高足碗的原因及其在日常佛事中的用途》，郭学雷，《望野博物馆》2017 年 5 月。

最初与藏式僧帽壶配套使用，形成茶具组合。历史上在西藏使用高足碗有着一些特殊的规定，王室男子用白色的高足碗，妇女用有色的高足碗，高僧活佛、喇嘛、郡王使用的高足碗配有金银质地茶托和碗盖，使用时可置于桌上，其他僧众虽然也用高足碗，但只能置于地面或手中。

晚清时，高足碗由饮茶器具逐渐演化为置于寺庙主佛前的佛堂供器。一些珍贵的高足碗还配有特制的金属、漆木、皮质或精细竹编的碗套，一方面可以保护瓷碗，另一方面外出或骑马时易于携带。

西藏各寺院及文博部门收藏的高足碗，历经元、明、清三朝数百年的历史跨度，其品类之富、数量之巨、流行之久，超乎外界的想象。这些高足碗中，无论是甜白、宝石红、青翠，还是青花、五彩等，其工艺皆美轮美奂、质量之高堪称空前绝后，而且从此开启了此后数百年高足碗在藏地寺院的流行风潮。据西藏档案馆藏《致如来大宝法王书及赏单》记载，永乐六年正月初一成祖赏赐大宝法王——藏传佛教噶玛噶举派活佛哈利玛的礼单中亦有高足碗。

图中高足碗为明宣德年间（1426~1436年）景德镇官窑烧制，通体饰以青花纹饰，釉料为"苏料"。碗口外撇、弧型鼓腹、下置中空高足。外壁饰青花缠枝莲及法轮、法螺、宝伞、白盖、莲花、宝瓶、金鱼、盘长八宝纹和莲瓣纹，碗足绘卷草纹，内壁书明代藏文古写青花纹一周，译为"白日平安，夜晚平安，中午平安，日夜平安"。碗内底部有青花双圈及书写的梵文"六字大明咒"（六字真言：唵、嘛、呢、叭、咪、吽）中"吽"字图案。清刘赞廷在《西藏历史择要》中解释："唵"是除天道生死之苦；"嘛"是除阿修罗战争之苦；"呢"是除人道生老病死之苦；"叭"是除畜生道劳役之苦；"咪"是除饿鬼道饥渴之苦；"吽"是除地狱道寒冷之苦。在"六字大明咒"中"吽"是明代瓷器中最多见的梵文种子字，代表了一切佛尊菩萨的形象，其装饰的寓意体现了一种加持力。景德镇官窑生产的梵文瓷器及藏文瓷器是最具有藏传佛教特色的一种，明代流行这种纹饰的瓷器主要有永乐、宣德、成化和万历四朝，是为了赏赐给西藏宗教首领或寺院而特别制作的，这类瓷器的问世包涵了皇室对藏传佛教尊崇的历史及社会背景。该器物外底采用宣德年瓷器常用的"宣德年制"四字二行楷书款。字体工整，笔法圆劲，特别是年款中的"德"字，在"心"部上缺"一"横，这是宣德年瓷器款的重要特征。

明代永乐、宣德时期是中国青花瓷生产的黄金时期，器形多样，制作精湛。《景德镇陶录》评价宣窑"诸料悉精，青花最贵"。此碗高11.5厘米，口径17.2厘米，足径4.8厘米，现藏于西藏博物馆，造型端庄典雅，青花呈色明快艳丽，构图缜密精致，纹饰严谨工整，为宣德青花瓷器的上品。

青花缠枝山茶纹碗（明成化）

图1. 青花缠枝山茶纹碗侧面　　图2. 青花缠枝山茶纹碗足部款识

成化朝（1465~1487年）历时23年，烧造的御窑瓷器却在整个御窑发展史上占据着非常重要的地位，可以达到与永乐、宣德瓷器相媲美的程度。由于明宪宗朱见深是一位爱好书法、擅长丹青，又有较高艺术修养的皇帝，致使成化朝的御用瓷器呈现出清新脱俗而颇具文人气息的特征。从传世品和出土物看，成化朝御窑瓷器以胎质洁白细腻、釉质温润如玉、构图疏密有致、发色清丽典雅、绘画工艺精湛、器型小巧秀美、表里精致如一而著称于世。成化朝御窑烧制瓷器品种繁多，在近30种瓷器中，以青花和五彩最受世人称道。

青花瓷是用含氧化钴的钴土矿石为着色剂，在素坯上描绘纹饰，施明釉后经高温烧制而成。由于矿石来源及加工方式不同，致使各时期的青花瓷器在发色方面呈现出不同的风貌。从文献记载来看，明代永乐、宣德青花瓷器使用的是进口"苏麻离青"（亦称"苏泥勃青"）料，形成浓丽凝重的色彩；成化、弘治御窑青花瓷器使用的是江西乐平县产的"平等青"，（亦称为"陂塘青"）料，而形成明净素雅的色彩；嘉靖、隆庆、万历御窑青花瓷器使用的是产于江西省上高县的"石子青"亦称"石青"与从国外进口"回青"的混合料，而呈现蓝中泛紫的艳丽色彩。有关专家认为，中国青花瓷器以元青花、明永宣青花、成化青花、康熙青花为突出代表，其中永宣青花是发展的高潮期，而成化青花完成的贡献最大。成化八年前后，景德镇产青花瓷器完全脱离了进口钴料而采用国产"平等青"，由于这种青料中氧化铁含量较低，氧化锰含量较高，致使图案纹饰中基本不再呈现明初永乐、宣德朝典型御窑青花瓷器因使用进口"苏麻离青"料（高铁低锰）而呈现的氧化铁结晶斑，而是呈现柔和、淡雅、清爽的蓝色，由此形成了成化朝御窑青花瓷器的典型风格。成化朝御窑青花瓷可以说是真正中国青花瓷器的开始。

成化朝时，正值明代西藏地区朝贡最为频繁、人数众多的阶段，朝廷与西藏地方僧俗的联系也较为紧密，赏赐的瓷器量有增无减。至今，流传在西藏的成化朝御窑瓷器仍为数不少，常见青花、斗彩瓷碗。

图中这件西藏博物馆收藏的青花缠枝山茶纹碗，撇口、深腹、圈足，为成化青花瓷的典型器。碗高7厘米，口径15.5厘米，底径5.5厘米。碗底青花料楷书加双圈落"大明成化年制"六字二行年款，字体深沉苍劲有力，中锋运笔，笔道略粗。成化朝御窑瓷器年款具有"成化肥款"之说，但书写字体并不严谨规整，透着一种似孩童书写稚拙之气。这种独具的款识蓝本似乎出于一人之手，也是历代仿写所不及。成化窑瓷器年款有着显著的特征，即只见楷书款，不见篆书款；均为"大明成化年制"六字款，不见"成化年制"四字款；创新了款识外加双方框；首创在高足杯等器物的足内边缘署款的方式。[58] 该器造型庄重，胎薄釉润，布局疏朗明快，色泽柔和淡雅，图案纤柔舒展，展现出成化官窑青花瓷器的艺术风格，且保存完好，乃稀世珍品。

在多姿多彩的莲纹世界里，缠枝莲纹无疑是千百年来最为流行的纹饰之一，在瓷器、玉器、竹木雕刻等艺术品上，它缠连回转的身姿无处不在，在寓意美好生活的同时，也陶冶了欣赏者的心灵。特别是在青花瓷器上，缠枝莲纹更是散发出无穷的艺术魅力，在蓝白映照间体现着莲花高洁优雅的神韵。

缠枝莲纹兴起于宋代，在元、明、清三代非常盛行。一件青花缠枝莲纹瓷器能让人感受到青花料色之美以及料色与白瓷对比的和谐之美。优质钴料在透明釉下散发的明艳蓝色让缠枝莲纹更显温婉雅致和沉静。由于钴料中含有微量的铁锰等元素，使其呈色不是纯粹的蓝色，常微带一点绿意或紫色，使色彩更加淳厚含蓄。各朝代由于钴料来源及配方不同青花色调有所变化，但人们都能在青花的深浅与浓淡、鲜明与灰暗的变化中得到美的享受。皇室和文人士大夫认为其端庄、高雅、中正、平和，内敛沉静又收放自如，其品性很符合皇室对官员的要求以及文人士大夫为人处世的分寸感，极好地体现了儒家的中庸思想；而寻常百姓则喜欢其清爽、雅致、悦目、自然的特质以及吉祥的寓意。此外，青花缠枝莲纹有极强的图案美和设计美，常以二方或四方连续的方式平行、竖向或向四方展开，构成美丽完整的图案，既不完全写实也不完全抽象，充满了精心设计与自然灵动的和谐之美。[59]

58.《明朝成化至正德朝官窑瓷器年款》，吕成龙，《收藏家》1998年第1期。
59.《缠枝莲纹的青花缘》，中国嘉德，《中国信用卡》2015年第8期。

黄釉碗（明弘治）

图1. 黄釉碗侧面　　　　图2. 黄釉碗足部款识

中华民族尚黄习俗历史久远，又因"黄"与"皇"的谐音，自古以来"黄色"就被赋予了丰富的内涵和极为特殊的象征意义，成为皇家历久不衰的尊崇之色。

明清两代对黄色釉瓷器的使用有着非常严格的限制。自明初御窑厂烧造出黄色釉瓷，就严禁民间私造，全黄器物仅限于皇帝使用。据《明英宗实录》记载，正统十一年（1446年）时下令"禁江西饶州府私造黄、紫、红、绿、青蓝、白地青花瓷器……首犯凌迟处死，籍其家货，丁男充军卫边，知而不告者，连坐"。可见，明初以来黄釉的烧造和使用便以法典的形式被确定为御用颜色釉瓷，后传为各朝定制。至今未发现过有民窑器物的存在。[60] 到了清代黄釉的使用制度更加明确严格，即瓷器内外皆为黄釉的为皇帝、皇后及太后使用，皇贵妃则用外黄内白器，贵妃用黄地绿龙器，嫔妃则用蓝地黄龙器，余者皆不可用黄色器。[61] 所以传世品中黄釉器物极其珍贵罕见。

瓷器颜色釉的呈色非常复杂，要烧造出颜色纯正的各种色地釉瓷，必须

60.《"黄地"至尊民器何缘——黄釉瓷器浅谈》（上篇），陈晓军，《收藏界》2007年第5期。
61.《中国历代低温色釉的研究》，张福康、张志刚，《硅酸盐学报》1980年第8卷第1期，第911~953页。

充分掌握釉料配方、着色剂比例、烧制气氛、烧制温度等要素。古代窑厂没有精确的化学分析和精密仪器，只能靠陶瓷工匠的经验来控制。尽管如此，古代窑场尤其是景德镇御窑厂仍在不同窑室的温度下，在不同气氛的火焰中，烧造出了变幻无穷的颜色釉陶瓷。釉中添加不同的金属氧化物，并掌握好比例和浓度是色地釉瓷呈色的基本条件。例如，铜呈红色、绿色；铁呈黄色、绿色；锰呈紫色、赤褐色；锑呈黄色；金呈粉红、紫色。黄釉是以氧化铁为呈色剂的颜色釉，最早出现于唐代。不过，这种黄色距离正统纯黄色还相差甚远。纯正的低温黄釉瓷器创烧于明初景德镇官窑，属以铅为熔剂，以铁为着色剂的低温颜色釉。弘治朝景德镇官窑生产的黄釉，施釉时将釉料直接浇于白釉瓷器上或素胎上被称为"浇黄"釉，釉面如鸡油之色，清澈晶莹、滑润娇艳，故又被称为"娇黄""鸡油黄"。因着色剂氧化铁含量高，成为历朝黄釉中最为纯正的呈色，达到了历史上低温黄釉的最高水平。

明代弘治朝（1488~1505年），被史学家赞为"弘治中兴"，明孝宗也是明代中叶最为励精图治的贤君。他勤于朝政，任用贤臣、抑制宦官，朝序清宁，民康物阜。孝宗生活节俭，据史籍记载景德镇御窑厂曾数度被停止烧制或减产瓷器，因此，这个时期官窑传世瓷器的品种和数量很少。在国内除了北京故宫博物院、台北故宫博物院、上海博物馆等拥有较多数量弘治时期的瓷器外，其余仅见零星收藏；在日本、美国等一些收藏中国瓷器较多的国家，对弘治时期的瓷器收藏也是微乎其微。据《明史·食货志》记载，瓷器减产的原因，完全是与孝宗帝的治国之道相适应，与其统治时期所奉行的政策相适应。另外，弘治帝喜爱素色，史料载，弘治连续15年每一年内御膳进素日可达111天，约占全年三分之一。食素所需之器皿必然与所盛食物相适应，其色调必然相和谐。弘治嗜素的结果导致对素净器皿的广泛使用，这也是弘治朝瓷器色泽普遍较素的重要原因。

图中黄釉碗（高8厘米，口径18.5厘米，底径7.5厘米，现藏于西藏博物馆），撇口、深腹、圈足。通体施黄釉，釉质均净，色泽淡雅，白釉底施青花双圈书"大明弘治年制"六字楷书款，为弘治朝赐予西藏高僧之器物。黄釉瓷器是颜色釉中的贵族，除了陈设观赏、日常生活用器外，还是宫廷宗庙祭器。

青花五彩龙凤纹盘（明万历）

图1. 青花五彩龙凤纹盘侧面　图2. 青花五彩龙凤纹盘款识　图3. 青花五彩龙凤纹盘内壁

青花五彩是明清时期著名的彩瓷品种之一，由北宋磁州窑的红绿彩瓷发展而来。"青花五彩"是指釉下青花与釉上多种彩色相结合的彩绘瓷器，以铜、铁、钴、锰、锡等金属氧化物为着色剂，呈现红、绿、黄、蓝、紫基本色调。首先在未烧成的泥坯上用青花料绘出蓝色部分的图案，罩上透明釉后入窑经1300℃左右的高温烧成瓷器，然后在已经烧成后的釉面上再进行绘制，最后入烤花炉经800℃左右的低温烘烤而成。[62]每件器物根据纹饰在设色上的要求，不一定五彩皆备，但必须有红彩存在才能称之五彩。[63]最早的青花五彩瓷器传世品，现收藏于西藏萨迦寺，是明代宣德时期景德镇御窑厂专门为西藏烧造的器物。

62.《明嘉靖、万历青花五彩瓷的审美特征》，刘乐君、张文倩，《景德镇陶瓷》2016年第4期。

63.《中国古陶瓷图典》，冯先铭主编，1998年文物出版社出版。

万历朝已处于明朝后期，统治阶级的挥霍无度使国势明显衰颓，但朝廷对御窑厂要求烧造的瓷器数量却极大。据《大明会典》记载，万历十年(1582年)，仅这一年江西烧造各样瓷器就达96600余件，朝廷下达如此庞大的瓷器烧造任务让人唏嘘惊讶。面对如此巨大的烧制任务，工匠们为了应对差事，烧造的各个环节均不同程度地存在敷衍塞责，粗制滥造的情况。使得万历朝御窑厂生产的瓷器，普遍存在胎体、釉面、呈色、器型等方面的瑕疵。如，很多瓷器釉面不是很干净，留有黑褐色斑点，这种斑点尤其在没有色彩的足部更容易看到。胎痕明显，瓷土淘洗得不够精细，因而略显粗糙。瓷器胎体厚重，并有歪斜现象。圆器常有夹扁、翘棱、断裂、底心下塌等现象。大器多为沙底，底足处理草率。此时的汉藏文化交流已无往日气象，但朝廷仍与西藏地方主要势力保持往来。

图中青花五彩龙凤纹盘（高3.5厘米、口径17.4厘米，底径11厘米，现藏于西藏博物馆），撇口、弧壁、圈足，通体饰五彩纹样，红、黄、蓝、绿的浓艳色彩对比强烈，配以繁密花纹，相得益彰。古人讲究图必有意，意必吉祥。龙凤纹是最具传统色彩的中华特色纹饰，含有龙主阳为天，凤主阴为地之意。龙凤纹饰组合出现是至上的祥瑞，喻示天下太平，江山稳固，百姓安居乐业、五谷丰登。龙凤也是婚庆的主要装饰，龙飞凤舞的组合纹饰在人们心中象征美满、和谐，也常被祝愿仕途顺达，步步高升。盘内心气势豪迈的龙凤飞腾相对，跃于祥云瑞霭之间，内壁为繁密的缠枝花卉纹图案，陪衬了龙凤的神圣与高贵。五爪龙纹属帝王专用，由此可见，此器应是皇室与西藏上层人物交流之物。器物外壁绘有西藏常见的吉祥八宝纹纹饰，盘底青花双圈书"大明万历年制"六字二行楷书款。此盘绘制工细，构图精巧，色泽明艳，为万历五彩器的代表作。[64]

64.《西藏博物馆明清瓷器精品》，西藏博物馆编，中国大百科全书出版社2004年9月版。

虎皮三彩多穆壶（清康熙）

三彩，是指瓷器烧制中所使用的一种瓷器装饰技法。其中素三彩始于明代正德时期，盛于清代康熙时期。以黄、绿、紫三色为主，单线平涂，但并不限于此三色，因不用或少用红色得名。古代视红色为荤色，非红色为素色，所以"素三彩"一词是陶瓷业内根据我国传统习俗而定名的。其制作方法是在高温烧成的素瓷胎上，用彩釉填绘已刻画好的纹样，再经低温烧成。从视觉色彩上讲，素三彩不及五彩、斗彩、珐琅彩缤纷炫目，但它繁细的工艺，素雅的品位让人回味无穷，而深受皇室贵族们的青睐。

清代康熙时期，素三彩的烧制在釉彩品种和施彩工艺上均有创新。常见器型有碗、盘、瓶、炉、罐、尊、杯、盂及财神、观音、童子、寿星、狮子等雕塑。除传统的黄、绿、紫彩外，还出现了釉上蓝彩，常见品种有白地三彩、色地三彩和虎皮三彩。其中，虎皮三彩是这一时期的特有品种，施彩时使用黄、绿、紫三色釉间隔混杂点染于器表，形成虎皮状斑块，经过烘烧自然晕散成不规则的、似虎皮状的斑块，称之"虎皮三彩"。

"多穆"是蒙语（domo/domb）音译，在蒙古语中意为"盛奶茶的桶""奶茶壶"。蒙语也称"东布壶"。在藏语中发音为"董莫"（dong-mo），则指"盛酥油茶的桶"。据载，多穆壶最早起源于元朝，多以木质为主，用皮革或金属带箍起来并用金属钉铆固定。元朝在成吉思汗和忽必烈的统治之下，开辟疆土，建立了一个横跨欧亚的蒙古大国，连年征战虽然给人民带来了深重的灾难，但客观上也加强了各民族之间的交流，为民族文化的相互交流相互渗透创造了条件。明朝是在打败蒙古人的统治后建立的，文化上对蒙古采取抵制政策，军事上对北方少数民族采取防御态势，修整加固长城就是这一政策的突出表现。由于西藏交通阻隔，对明朝统治并不能构成直接的威胁，所以明朝中央在管理西藏的过程中更倾向于通过赏赐大量佛教文物和瓷器的怀柔之策。但在这些赏赐品中却没有发现多穆壶，这也表明了明朝统治者对元朝古文化的抵制。清朝由于满族本身就兴起于北方，因此，来自蒙古的军事威胁相对较少，所以康熙时期，出于笼络西藏和蒙古上层的目的，创制了多个品种和多种尺寸的多穆壶，赏赐给西藏和蒙古上层。[65] 特别是在宫廷宴、庆典及赏赐活动中，尤其是在款待蒙古、西藏上层人士时常使用多穆壶作为饮具，以增进他们的认同感和亲切感。清朝的这种怀柔政策，让多穆壶成为满、蒙、藏共用器皿，以此达到沟通和加强各民族感情及互相联系的目的。

多穆壶从蒙古地区传入西藏地区，又从西藏地区传入内地，作为各民族文化交流融合的产物，体现了祖国传统文化的博大和包容。至今，多穆壶仍然在蒙古族、藏族等少数民族日常生活中使用，它见证了中华各族和谐发展、共同进步的史实，成为一件典型的多民族共用传统器物。

图中西藏博物馆收藏的这件虎皮三彩多穆壶，更是一件不可多得的器物，它是康熙时景德镇窑工匠新创烧的虎皮三彩工艺与多穆壶器型结合于一体的典型作品。此件虎皮三彩多穆壶，高43厘米，口径13.5厘米，底径13.5厘米。壶身呈圆柱形，通体均匀地以4组3条旋纹为饰，上部竖如意云头状壶冠，冠下置一曲流，壶身上下塑有两个兽形耳，用于穿绳，更适用于藏民族的生活方式。壶体自上而下还刻画了四组仿元朝器型金属簪的凸弦纹。整个器型，高大挺拔、斑驳娇艳，是康熙虎皮三彩瓷器中的佳品。

65.《多穆壶源流略考》，陈连勇，《收藏家》2007年第3期。

五彩西厢记故事图棒槌瓶（清康熙）

　　康熙五彩与明代的传统青花五彩不同，此时已发明釉上蓝彩和墨彩，五彩中的蓝色不再用青花代替，这种蓝色彩浓度超越青花，增强了绘画效果。通常是先经过1300℃左右高温下烧制成的白釉瓷，再用铜、铁、锰等作为着色剂在白釉上面构图作画，最后经过800℃左右的二次低温烤焙制作而成。清代的五彩瓷由于配料准确、火候恰如其分，其精美程度几乎达到了巅峰，深受社会各阶层使用者的喜爱。康熙五彩是在明代万历五彩的基础上发展起来并形成了挺拔、遒劲的风格。这一时期的釉上五彩，无论是官窑生产还是民窑生产，其胎质均洁白坚致，釉面精莹，彩色浓艳而绚丽。图中收藏于西藏博物馆的五彩西厢记故事图棒槌瓶，高43.5厘米，口径11.5厘米，底径12.3厘米，洗口、直径、折肩、直筒型腹、圈足。因形体似民间洗衣用的棒槌，故称为棒槌瓶。通体五彩纹饰，腹部锦地开光绘制了《西厢记》故事图。此瓶造型秀丽，胎体坚致，施彩浓艳，构图严谨，绘画生动，纹饰线条流畅，人物形象栩栩如生，为康熙时期的典型器，成对保存更为难得。[66] 王实甫的杂剧《西厢记》作为中国四大古典戏剧名著之一，是一部风靡了700多年的文学杰作，家喻户晓，影响深远。在中国文学史上有着相当重要的地位，自问世起，就以其精美的辞藻、典雅的风格和独特的主题吸引着不同时代的读者。

66.《西藏博物馆明清瓷器精品》，西藏博物馆编，中国大百科全书出版社2004年9月版。

《西厢记》杂剧通过文本、演出等多种形式的传播，形成了巨大的社会影响力，尤其是对明清时期的戏曲、小说、诗文、绘画等都产生了广泛而深远的影响。明代早期人物纹饰的瓷器逐渐出现婴戏、侍女、神话人物等，崇祯朝时，戏曲小说中的人物和情节才较多地出现在瓷器上，由此"西厢记"纹饰在瓷器上也渐渐多了起来。至清代，尤其是康熙时期，"西厢记"纹饰开始大量出现。清初至康熙年间绘"西厢记"纹饰的瓷器非常多，种类也比较丰富。

王翔灏在其硕士论文《清初至康熙时期绘"西厢记"纹饰瓷器的研究》中对清初至康熙年间出现大量绘制"西厢记"纹饰瓷器的原因进行了分析，他在文中指出，各阶层对《西厢记》的热捧直接影响到对当时瓷器的生产。明清时期《西厢记》舞台演出的风靡剧目和种类繁多的版画插图也为瓷器上的纹饰提供了具体表现情节和大量参考粉本。清代制瓷技术的提高使陶瓷器型种类大增，装饰手法更加多样，为画面表现提供了更多的可能性。《西厢记》剧目较多，其中红娘请宴、佛典奇遇、张生跳墙、莺莺听琴、长亭送别、慧明下山等情节是瓷器上出现最多的故事情节，这也是清前期戏曲选本中都收录的几个剧目，选本所收录的都是当时社会最风靡和流行的剧目，由此可见戏曲演出对瓷器产生的巨大影响。图中五彩西厢记故事图棒槌瓶瓷器主要画面是张生跳墙和长亭送别。

西藏是佛教圣地，所藏元、明、清官窑瓷器多源于皇家所赐，常见瓷器多与宗教文化有关。比如僧帽壶、盂壶、贲巴壶、供灯、净水碗、香炉等，其器型及纹饰代表了敬佛、礼佛的意愿。即便是有日常生活用品，也多与"福、禄、寿"或警示清廉等为主要表达题材。类似于《西厢记》这类表达情爱的纹饰瓷器，本身就难登大雅之堂，更不可能是对宗教团体所赐。根据康熙朝五彩瓷器器型规格的理解、烧制工艺的考证以及瓷器进藏的渠道分析，图中瓷器极有可能是通过民间贸易交流而进藏的，也可能是清廷赏赐给西藏贵族人士的，其使用者也应限于俗人官宦人家。

斗彩缠枝莲纹瓶（清雍正）

图1. 斗彩缠枝莲纹瓶侧面　　图2. 斗彩缠枝莲纹瓶口沿　　图3. 斗彩缠枝莲纹瓶圈足款识

斗彩是釉下青花与釉上彩色相结合的一种彩瓷品种，也称"豆彩""逗彩"。许之衡（1877~1935年，北大教授，国学门导师）《饮流斋说瓷》中解释："何为豆彩？盖所绘花纹以豆青色为最多，占十分之五六，故曰豆彩；或称斗彩，谓花朵之攒簇有类斗争；或称逗彩，彩绘之逗拼，实则市人以音相呼。"

斗彩瓷器起源于明宣德时期，成熟于明成化时期，成化斗彩就是在宣德青花五彩基础上发展起来的，它将宣德青花五彩瓷器中的一个小局部纹饰使用的勾线填彩技法进一步拓宽，成为器物全部纹饰的装饰方法。制作时首先以青花勾绘全部纹饰的轮廓线，施透明釉入窑焙烧，烧成后在轮廓线内空白处用点彩、覆彩、染彩或填彩等施彩方法，将黄、红、绿、紫等各种低温彩料填绘拼斗，与釉下青花一起组成一幅完整的纹饰图案，再次入窑炉焙烤，即成斗彩。

这种繁缛的施彩工艺既保持了青花幽靓雅致的特色，又增加了浓艳华丽的釉上彩效果。釉下青花与釉上彩争奇斗艳，使斗彩成为宫廷御用的精美细瓷。在瓷品鉴赏中，是否使用青花勾绘整件器物的纹饰轮廓线，成为判断斗彩的重要依据。明代万历《神宗实录》中载："神宗尚食，御前有成华彩鸡缸杯一对，值钱十吊。"可见成化斗彩瓷器在明代后期已十分珍贵。斗彩发展到雍正时期，在纹饰布局、色彩搭配以及填彩技术等方面均有新的发展。与此前的斗彩相比，青花轮廓线更为规整严明，施彩浅薄，填彩准确，很少溢满出廓，最大的特点是将明代斗彩以釉下青花和釉上五彩相配的彩绘技法改为釉下青花与釉上粉彩相结合的技法，使粉彩的淡雅柔和在斗彩瓷器中得到充分表现，器表纹饰层次丰富，色彩柔和清雅。

雍正仅在位 13 年，但此时期的制瓷工艺以精细著称于世，自雍正六年后，唐英开始协助年希尧督理窑务。年希尧和唐英都深谙土脉和火性，选料精慎，所造器皿俱精莹纯全，又擅仿古窑和各种名釉。[67] 这时期赏赐给西藏上层的瓷器在数量上无法同康熙、乾隆时相比，但仍有不少瓷器精品被传入西藏。仅西藏博物馆《明清瓷器精品展》中就展出过雍正朝瓷器十余件。此外，布达拉宫、罗布林卡等文物部门也均有收藏。汉文史书中，首次将瓷器作为西藏头目赏赐物而记录在案正是雍正时期。如《清世宗实录》中记雍正十年(1733年)，西藏蕃属巴尔布雅木布、吐楞、库库穆三汗遣使至藏欲进京朝贡，因道路遥远而"由西藏遣回"，"特赐缎匹、玻璃、瓷器各种，一并发往。"以往虽然有大量的瓷器赏赐给西藏，但因其不是作为主要赏赐物品而被史学家省略在"等物"之列，雍正皇帝实录中明确记载赏赐瓷器，表明这时期瓷器在赏赐物品中的比重较以前加大，在人们心目中的地位提高。[68]

图中斗彩缠枝莲纹瓶（高 24.5 厘米，口径 6.8 厘米，底径 8.7 厘米，现藏于西藏博物馆），撇口、长颈、鼓腹、圈足，造型端庄隽丽。通体的粉彩绿卷草纹托起红、黄、绿三色缠枝莲花，纹饰规整精细、线条流畅清晰，尽显雍正官窑器追求古朴典雅的艺术风格。瓶底圈足内，用青花书写遒劲有力的"大清雍正年制"六字两行楷书款，实为雍正官窑的上品瓷器。

67.《雍正斗彩绿竹小碗浅谈》，安莉丽，《文物春秋》1992 年第 4 期。
68.《登峰造极——乾隆粉彩镂空转心瓶及其他》，王健华，《紫禁城》2007 年第 3 期。

粉彩八吉祥纹贲巴壶（清乾隆）

图 1. 粉彩八吉祥纹贲巴壶侧面　　图 2. 粉彩八吉祥纹贲巴壶圈足

粉彩又称软彩，是景德镇四大传统名瓷之一，肇于康熙，精于雍正，盛于乾隆。粉彩装饰工艺是景德镇御窑厂工匠在陶瓷古彩绘画基础上，汲取珐琅彩中的玻璃白作为打底，对彩料进行粉化渲染，经低温复烧形成的瓷器新品种。粉彩因具有粉润柔和的色彩、细腻工整的画工、强浮雕感的视觉、浓淡分明的纹饰而著称于世。

"贲巴"为藏语音译，在藏语中即"瓶"的意思，也称"贲巴壶"（英文：ben Pakistan pot）。据《佛学大辞典》记载："天竺国王即位时，以贲巴壶盛四大海之水，灌于顶而表祝愿，密教效此世法，于其人加行成就。嗣阿犁位时，设坛而行灌顶之式。"之后，这种器物随佛教文化的传入而流入西藏，作为一种密宗灌顶、日常礼佛之器。西藏地区佛教寺院及文物单位收藏的贲巴壶，多见金属制品，壶上常绘有八吉祥、璎珞、莲瓣等藏族人民喜爱的吉祥纹样，具有较强的西藏地域特色。瓷质贲巴壶主要流行于清朝，尤以乾隆和嘉庆时期最为盛行。

乾隆时期，西藏达赖喇嘛、班禅额尔德尼、各呼图克图大喇嘛等圆寂之后，灵童由白梵天护法神的代言神巫拉穆吹忠降神认定，以致转世灵童数十年总出自一家，这种亲族传袭之弊引起众人不满。为维护西藏活佛转世秩序，乾隆五十七年（1792年）派御前侍卫亲自将金质贲巴壶送至拉萨，用于活佛转世掣签。当时，西藏面临着外敌入侵、噶厦政府与驻藏大臣的关系紧张、西藏地方政权的争夺等多种复杂局面，清廷为控制局势，于乾隆五十八年（1793年）年颁行了《钦定藏内善后章程》，二十九条章程中的第一条即有关活佛转世的"金瓶掣签"制度，这一制度成为历朝历代活佛转世的定制。供奉在大昭寺内的金贲巴瓶，成为诞生大活佛的神圣器具而备受崇敬。景德镇御窑厂，正是顺应了这种时政需要，开始生产具有藏传佛教文化特征并具有"治世功能"的宗教瓷器。另外，乾隆皇帝以多种举措以示"君佛同体"，继续奉行前朝"尊崇黄教"和"因俗而治"的民族宗教政策，他本人更是宣称自己是"文殊菩萨"的化身，敬佛即是敬君，以致故宫博物院、布达拉宫均有乾隆皇帝身着藏传佛教僧服的传世画作。乾隆九年（1744年），还将雍和宫改为藏传佛教寺院，成为清朝中后期全国规格最高的一座佛教寺院。由此可见，瓷质贲巴壶也是西藏宗教文化下的特殊产物。乾隆执政时期是清朝发展的鼎盛时期，又是崇尚奢靡富丽的一个时代。烧造资金雄厚，炉火纯青的技术力量达到了登峰造极的程度。此时御窑生产的佛教用瓷除贲巴壶以外，还常见具有西藏特点的八宝、七珍、五供、三式、佛像、佛塔、净瓶、法轮和法盏等器物。

乾隆时期的御窑佛瓷传入西藏的数量及传世数量都十分可观，据六世班禅朝觐档案的记载，乾隆赏六世班禅的初觐礼，碗、盘、瓶各十件，随班禅大师入觐的之强佐仲巴呼图克图和岁本堪布也各获赐瓷碗、盘八件。乾隆初宴六世班禅时，15位入宴者每人获赏瓷器4件。仅六世班禅及随从获赏瓷器就多达有100多件。2001年在中国历史博物馆举办的金色宝藏展览中就展出了仿汝釉三羊尊、粉彩八吉祥纹贲巴壶、青花云龙纹背壶、金彩刻缠枝莲纹盖盒、青花缠枝莲纹机（一对）、黄地青花缠枝莲福寿纹贯耳瓶、粉彩百鹿纹方尊等八件西藏博物馆所藏的乾隆官窑珍品。

景德镇御窑厂生产的贲巴壶瓷器，一部分供朝廷御用，一部分用于赏赐西藏、青海、蒙古等地的宗教领袖和佛教寺院，还有一部分是作为"进献"给内地寺庙的器物。据山东泰安地方志记载，乾隆皇帝朝祭泰安岱岳庙时，御赐器物中即有缠枝莲托八宝纹贲巴壶、粉绿地金彩云龙纹贲巴壶、白地矾红彩蝙蝠云龙纹贲巴壶、白地青花粉红彩缠枝莲贲巴壶等多种色地粉彩及纹样的贲巴壶。贲巴壶也曾赠予过曲阜孔庙。

　　图中粉彩八吉祥纹贲巴壶（高 20 厘米，口径 7.4 厘米，底径 10 厘米，现藏于西藏博物馆）是乾隆年间景德镇官窑作品。颈束、腹鼓、足撇、流细造型，彩绘吉祥八宝、番莲、变体莲瓣纹样，壶的内壁施松石绿釉，足底有红彩书"大清乾隆年制"六字三行篆书款。器物内里和底足施有绿釉，流口、口沿及足沿的串珠纹以金线色绘。此器造型秀美、绘工精细、色彩协调、纹饰精美，为乾隆官窑的代表作。

第七章

玉器

兽面纹碧玉长方鼎

鹰熊纹合卺杯（明）

图1.鹰熊纹合卺杯　　　　图2.鹰熊纹合卺杯局部

"合卺杯"是一种双人共饮的酒具，在距今约7000年至5000年的河南仰韶文化遗址中，曾出土一件形似合卺杯的彩陶质地双腹双口的"双连杯"，据推测这是远古部落或氏族之间为了结盟或庆贺某种活动成功时首领对饮酒具，以象征友好。这类器物在甘肃沙井驿遗址、火烧沟遗址、冯家坪遗址等地均有出土。不仅发现数量较多，分布地区也极为广阔。双连杯具有合卺之意，可能是在新石器时代晚期母系氏族与父系氏族交替时期或进入父系氏族有了男娶女嫁的习俗之后，经过长期演变，逐渐成为婚礼专用之器。

合卺之礼是中国古代婚礼中一个极为重要的民俗事项，据《礼记·昏义》记载，新婚之日，新人要"共牢而食，合卺而酳"。"牢"是古代祭祀用的牲畜，共牢而食是新人共吃祭祀后的同一肉食，象征婚后尊卑相同。"卺"[jǐn]是一种瓠瓜，俗称苦葫芦，苦不可食，多用来做瓢。古人习惯把一个匏瓜剖成两个瓢，将两瓢的柄相连盛酒，夫妻共饮，喻示同甘共苦。又因葫芦多子且形似怀孕母腹，便成为一种有生殖力的崇拜物，古人希望把这种多子的生育能力通过共饮的方式传递到新婚夫妇身上，这是合卺之礼用葫芦做酒器的主要寓意。"酳"[yìn]是食毕用酒漱口。这种仪式的举行象征着新人从此结为一体，故名"合卺"。饮用时需要新人并肩站立，各持一柄或一人持柄，同时举杯同时饮用，密切配合、共进共退方能喝到酒水。这既表示男女双方平等，又表示两人同甘共苦。因两只杯筒的腹部以孔相连，内盛酒液左右杯相通，因此两只杯筒内部的水位线也是始终持平的，在饮酒的过程当中，当一只杯子中的酒液先要饮尽的时候，另一只杯子中的酒液就会通过中间的小孔涌入其内，可以解决两人当中不胜酒力一方的饮酒问题。这种新婚合卺之礼，被传承下来，在很长的一段时期里，人们也将其作为结婚的代称。

宋代，理学统治地位得以确立，妇女在家庭中的地位显著下降，间接使得双连杯这种表面上具有平等意义的合卺用器逐渐退出实用，后转变为观赏器。[69]古代婚礼使用的双连合卺杯，宋时已简化为两个普通杯子，为表达合卺之意，杯足或盏底以红绿彩丝连结，夫妻交互传饮，从而诞生了交杯酒。自交杯酒诞生后，夫妻交互传饮以表达合卺之意的交杯酒仪式在婚礼上占据了主要地位。北京故宫博物院现藏的明代玉"合卺杯"，根据落款可推测它是明代世宗或神宗与后妃大婚时所使用的器物。由此可见明代无疑还有合卺杯，但清时合卺杯已罕见了，唯雍正窑生产过一种"粉青双连瓶"为双腹双口，腹部联通，观其形制结构，有合卺杯的功能。

图中鹰熊纹合卺杯，高9.2厘米，口径3.5厘米，底径3.1厘米，质地洁白细腻，器身作双圆筒连体杯造型。以两杯对峙，中通一道，使酒通过。杯体刻卷云纹，两杯间外侧镂雕一展翅立鹰，鹰昂首张口，鹰翅向后反抱双瓶。足下踏一伏熊，熊呈俯卧爬行状，鹰爪踏于熊首之上，鹰与熊的胸腹从两瓶间穿过至瓶身的另一侧，鹰尾与熊尾相互勾联成器柄。杯体上主要纹饰为鹰、熊两兽合雕，鹰通英，代表花，寓意女子，熊通雄，寓意男子。二兽合雕有"英雄"之喻意，故名"英雄杯"。此器雕琢粗狂，风格刚硬，具有典型的明代

69.《由合卺杯看中国传统双连杯的演变》，张力丽，《装饰》2011年第11期。

中晚期玉器的特点。此鹰熊纹合卺杯原收藏于西藏文管会，西藏博物馆成立时分流到西藏博物馆珍藏。从器形特点、玉质选材及雕琢技艺分析，此物应为中央王朝与西藏上层社会之间的交流器物。

兽面纹双螭耳青白玉簋（明）

据文献、铭文和考古发掘证明，簋是古代用来盛放黍、稷、稻、粱等食物的重要盛食器。甲骨卜辞中记载的簋，还兼有盛装肉食、温煮加热和称量等功能。簋的来源可以追溯至新石器时代的陶碗、钵、盆等日常生活用具。距今7000多年前，就已经出现了陶簋或陶制的簋形器。

商代早中期时，铜簋已成为青铜器大宗之一，其数量仅次于铜鼎。出土器物具有分布广阔、形制多样等特点。周代器用制度中，簋作盛食器与礼器中的鼎形成了较为固定的搭配，有"九鼎配八簋、七鼎配六簋、五鼎配四簋、三鼎配二簋、一鼎无簋"的组合，这种器用制度常被简称为鼎簋制度。簋与鼎虽功能、用途不同，却构成了青铜礼器中食器组合的核心，成为"明尊卑，分上下"的标尺。列簋的数量或套数基本上划分了墓主的等级身份，地位越高，出土列簋就越多。

所谓的仿古玉也就是对古制古艺的"模仿"玉器，它不仅是玉器制作中的特殊门类，还是我国古代玉中不可缺少的部分。仿古玉的模仿类别有两种：一种是模仿古代玉器的形质、纹饰、工艺、题材、雕刻技法等，诸如仿汉玉、仿宋玉，也包括仿三代古玉以及仿名家玉器[70]；另一种是借鉴和仿制历史上其他工艺美术的造型与纹样而进行碾制的玉器，如瓷器、漆器、竹器等。近古时期的仿古玉器，主要集中在仿制青铜礼器方面。

南北朝时期已有仿古玉出现，但仅作为把玩。宋朝徽宗时期，宫廷礼官看到官府所用的礼器实体不符合礼制，便上书宋徽宗以制造符合三代规范的礼器，宋徽宗给予了大力支持。士人们主动收藏古物，著书立说，摩画它们的形制，解释它们的铭文，记录下古器物真实的面貌。在这样的背景下，暨古作器使得仿青铜礼器的制作真正产生。官府铸造铜器，民间百姓也自己制造青铜器，使得民间的仿古青铜礼器也有发展并在权贵及文人墨客的追捧下，风靡一时。宋代仿古青铜礼器开始大规模地出现。[71] 玉器作为社会制度与思想文化的一个载体，其意与境在新的艺术思潮中被延续更新。青铜器的造型与纹样对传统玉器的碾制与雕琢产生了巨大影响，仿青铜玉器便是这两种工艺文化的完美结合而衍生出的新的玉文化艺术品。

仿青铜玉器已不再具备青铜器的社会功能，极少部分用以祭祀、食用外，主要还是用于陈设和满足赏古之用。

图中兽面纹双螭耳青白玉簋（高 5.1 厘米，口径 9.3 厘米，底径 5.7 厘米，现藏于西藏博物馆），侈口，束腰，鼓腹，圈足。簋的两耳是立体螭，圆眼大鼻，双线细眉，猫耳，颈粗大且弯曲，腿部弯曲，脚爪上翘，身上多为阴线勾勒，长尾分叉内卷，一长一短。螭耳呈早期青铜器柱状环形。螭是古代传说中的一种龙属的蛇状神圣之物，古文中有关它的记述：一说为黄色的无角龙，一

70.《仿古玉》，杨伯达，《文物》1984 年第 4 期。
71.《宋代仿古青铜礼器研究》，郭玥琼，中国艺术研究院 2011 年硕士研究生毕业论文。

说为雌性龙，因其多呈盘曲而伏，故考古界常把螭作为蟠螭，早期青铜器中的螭，身体似龙，面部似虎，故又叫螭虎、螭龙。螭纹是中国古代青铜器和玉器上的重要纹饰之一，商周时期已出现在青铜器上，春秋战国及汉代时期玉器上也颇为流行。玉簋颈部有前后对称的浮雕螭首纹，眉眼由面部中央勾出，具有典型的明代玉器螭纹特点。玉簋腹部的主体纹饰是用浅浮雕刻画的殷墟晚期颇为流行的分解兽面纹。兽面纹被分解成一条线条简洁洗练的纹饰带，置于腹部及口沿下，形成特有的装饰。整件器物，呈仿青铜造型，其纹饰雕琢又结合了青铜及玉器两种器物的纹饰特点，形成古朴典雅的仿玉器物，甚是精练。

青白玉托杯（明）

图 1. 万寿长春青白玉八角托杯

图 2. 万寿长春青白玉八角托盘

图 3. 花卉纹青白玉双花耳六棱杯

图 4. 双龙捧寿纹青白玉托杯

任何一种器皿的诞生都基于一定的文化背景之中。托杯是明代杯形器中的一种组合器具，由杯和托盘两部分组成。

宋代以前茶杯称之为茶盏，盏托即置茶盏的托盘，因盏托的中部有一个与杯足相适应的圈足，不仅放置稳妥，容易拿取，还能在点茶或饮用时连托带盏一齐托在手中，以防烫指之患。

据考证，这种盏托最早起源于汉代的耳杯盘。汉代先民"视死如生"的灵魂观及"厚资多藏，器用如生人"的厚葬之风盛行，使得我们有幸能从2000多年前的汉代墓中看到耳杯和耳杯盘的存在。耳杯盘与盏托相比表面比较平整，但形制与盏托如出一辙。盏托的出现，应该是随着饮茶的兴起，根据现实需求的变化，从原有饮器分离或为其重新创造的。[72]

早在新石器时代我们祖先既已将茶引入药用，直到中唐时期才作茶。唐代以前，茶具与食具基本上处于混用，唐代以后，随着佛教的兴盛和贡茶的出现，饮茶风尚在皇室和僧侣间日益风行，以饮茶为时尚雅事。由于宫廷皇室对贡茶品质的要求精益求精，引起各贡茶督官高度重视，甚至是贡茶的优劣直接影响着地方官的仕途，因此，茶叶产地的质量竞争也十分激烈，竞赛茶叶品质的斗茶习俗由此产生。此时的茶具逐渐与食具分开，并以陶瓷制作为主，同时贵族、富家也出现了金、银、铜、锡等金属茶具。精美典雅的茶盏下配备专用的托盘，开始备受青睐。现珍藏于中国茶叶博物馆的越窑青瓷莲花盏托即唐代遗物。

茶饮风尚发展至宋代时，不仅出现了饮用品级的制定，为适应斗茶需要，盏托也得到极大的发展，成为点茶、斗茶时的必备器物。元代统治期间，由于社会动荡茶文化一度陷入衰退，而饮茶习俗已成为各民族和各阶层的一种

---

[72].《茶盏托起源考》，满泽阳，《装饰》2016年第12期。

共同的嗜好，茶具和文化一样，显示出多样性，但茶盏依然是元代的代表性茶具。[73]进入明代以后，制茶、饮茶习俗均出现了变革，明人认为前人饮茶方法失却自然之理，用沸水冲泡散茶的饮茶之道在明朝中期形成，并流传至今。明代整个社会审美情趣趋向回归自然，以"淡"为宗，因此白色定瓷窑的产品也成为明代贵重的一类茶盏。

　　图 1 万寿长春青白玉八角托杯，由托盘和杯两部分组成。图 2 万寿长春青白玉八角托盘，盘长 15.8 厘米，宽 15.8 厘米，高 0.6 厘米，中心圆凸处为杯托，可纳杯足。盘内浮雕刚劲有力的楷书"万寿长春"四字回文。图 4 双龙捧寿纹青白玉托杯，盘长 20.5 厘米，宽 13 厘米，高 0.5 厘米，呈椭圆形，左右两端各镂雕有花草纹，中心一圆凸起为杯托，可纳杯足。内浮雕双龙捧寿纹，工艺精湛。图 3 花卉纹青白玉双花耳六棱杯，杯体呈六棱形，撇口深腹，矮圈足。杯两侧雕有对称的喇叭花双耳，其下有少量枝蔓。外壁通体线刻花卉纹，体态秀美轻盈，风格纤细萦绪。两套托杯，玉色清白莹润，作品幽静和谐，清新雅致，构图及寓意都与感悟生命的寿文化有关，其玉质、玉色及雕琢风格近似，据考是同一时期的皇帝万寿节贡物或是皇室赐给西藏上层人士的寿诞贺礼，现收藏于西藏博物馆。

73.《中国古代茶具的历史时代信息》，陈俏巧，华东师范大学 2005 年硕士毕业论文。

青白玉桃形杯（明）

古语云，"美食不如美器"，在中国古代饮食文化的深层品位中，不仅包含了食材的甄选和菜肴的精致，使用和欣赏美器之道也颇为考究。

在传统器皿造型设计中，历来就有"象形"和"传意"之意。西周青铜器造型中有抽象的神兽，汉魏时期器皿中有动物仿生，南北朝时期出现了以莲花尊为代表的植物形态器物，开始有了对植物形态的仿生现象。正如陈松贤先生所说："封建社会每一时期的民风民俗、社会政治经济、审美取向、科学技术，都会在历代陶艺作品上得到集中体现。"宋代在道学"静为依归"思想的影响下，生活器皿风行用自然型来模拟器物。如钧窑的"月白瓷釉紫斑莲花式碗"、哥窑的"菊瓣瓶"、官窑的"葵瓣盘"。[74]

花果式杯是一种以花卉瓜果为题材的玉器，主要流行于宋元明清时期。宋元时期的花果式杯一般体积较小，杯子的柄部镂雕粗实简单。明代早期的花果式玉杯雕琢风格继承了宋元时期的传统，镂雕部分略有加大，多用整株的牡丹、茶花、玉兰、秋葵或各种瓜果的细枝繁叶组成，甚至把盛开的大花朵或瓜果造型完整地用于器皿造型之中。出土于明早期鲁荒王朱檀墓的玉花瓣形杯，以及出土于辽简王朱植墓的白玉葵花式杯，以一朵盛开的葵花作为

74.《宋代生活器皿设计的文化体现》，宋晓，《陶瓷科学与艺术》2005年第3期。

杯体的造型，杯心处浮起五瓣形花蕊，外侧镂空透膝秋葵花的枝叶，伸展转折形成杯柄和器足，极为别致精巧。这两件作品玉质洁白，光泽莹润，纹饰轮廓碾磨圆浑，展现出明代早期花卉题材玉器的典型风格。[75]另外，现藏于北京故宫博物院的"子刚"款桃式杯，杯形似桃，其上刻诗，也是明代花果式杯的代表作。

中国传统文化中，围绕着"福、禄、寿、喜、和合、吉样如意"等寓意设计的祥瑞题材花果式器皿造型屡见不鲜。例如植物中的牡丹象征富贵繁荣，芙蓉象征雍容华贵，莲花象征超凡脱俗，竹象征百寿安康；瓜果类中石榴象征多子多福，佛手象征福寿安康，花生、栗子象征早生贵子；等等。桃蕴含着图腾崇拜、生殖崇拜的原始信仰，因"子繁而易植"象征多子多福，又传说东方有桃树，以核作羹，食之益寿，故桃寓意为寿。仿生花果的巧妙运用，既反映了人们追求美好和幸福的心理诉求，又体现了人与自然万物的亲和关系，使用美器盛装美食极富有艺术美感，因而深受人们的喜爱。

图中青白玉桃形杯（高5.3厘米，长11.7厘米，现藏于西藏博物馆），以连枝半桃作器形，镂雕的桃枝、桃叶舒朗圆润，桃蒂处弯出一枝叶芽，向上卷曲作柄，枝叶盘绕伸展蔓延至杯底为足。叶脉用阴刻线琢成，底端浅浮雕一盛开的桃花，并有两小桃结于枝间，网状纹花蕊，花瓣运用打洼的加工手法，杯内光素无纹。整件器物，造型生动巧妙，雕刻线条优美流畅，既充满活力气息又雅而不俗。

75.《明代玉器艺术简述》，李久芳，《故宫博物院院刊》1996年第2期。

兽面纹碧玉长方鼎（清乾隆）

图1. 兽面纹碧玉长方鼎　　　　图2. 兽面纹碧玉长方鼎款识

庄严浑厚的青铜鼎是中国古代青铜文化最重要的核心代表。许慎在《说字解文》中对"鼎"的功能精练为"和五味之宝器"，因此鼎通常被归入容器、食器、烹饪器，是一种用来烹煮食物的饮食器具。社科院考古所研究员张亚初先生将青铜鼎的社会功能体现总结为以下四个方面：（1）作一般性的祭祀或特定的祭祀用品；（2）作征战、出行、田猎时的用器；（3）作陪嫁器；（4）作艺术品以供玩赏。青铜鼎的用途可分为器用功能和社会功能，而所谓社会功能主要是我们通常所说的礼器功能，这应该是商周时期青铜鼎的主要用途。[76]

清代玉器艺术汇集了历代碾玉琢玉之大成，它以精湛的雕工和华美的形式将中国传统玉器艺术境界再度推向高峰，并最终走向辉煌。乾隆朝早期，玉器作坊星罗棋布，名师巧匠层出不穷，玉作工艺日臻完美，精品名品不断涌现，但仍不能满足乾隆帝崇尚师古，追求奇巧的爱玉之心，由此这一时期的玉作被视为"玉厄"现象。乾隆提倡玉器制作要师法古人，先特命梁诗正等敕撰《西清古鉴》《宁寿鉴古》《西清续鉴甲编》《西清续鉴乙编》四部专著，即"乾隆四鉴"，成为继宋代《博古图录》之后最为重要的青铜器著作。再命清宫内廷以《考古图》《西清古鉴》等图录样式为蓝本"按图索骥"

76.《商周青铜鼎研究》，梁彦民，陕西师范大学2012年博士学位论文。

效仿三代彝器，这一举措很大程度上推动了清代仿古玉艺术的发展，清宫内廷成为仿古玉制作中心，民间玉器市场也再度呈现仿古之风日盛之态势。

乾隆朝清宫内廷仿古彝器，一般参照青铜彝器的造型，变通制作。最突出的特点是在器底镌刻"大清乾隆年制""乾隆年制""乾隆御玩""乾隆御用"等六字或四字篆字款识，标明仿古。青铜器学家容庚在《殷周青铜器通论》中明确指出："青铜礼器除供祭祀之用外，还作为一种礼治的象征，作为古代贵族政治的藏礼工具。"[77] 而仿古玉鼎的再创造早已淡去青铜鼎神秘性与威慑性的社会功能，形成具有清代艺术装饰性、世俗性时代特色的观赏器。

图中兽面纹碧玉长方鼎（长 26 厘米，宽 14.7 厘米，高 27 厘米，现藏于西藏博物馆），由整块碧玉琢制而成，碧玉的颜色尽显青铜古色。鼎呈直口，平唇，立耳，束颈，腹略款，平底，下承四柱足。器体有细密而规矩的凸戟。戟纹是古代器物上的一种装饰手法，青铜器上已有线戟装饰，玉器上的出戟制造更为复杂，需使用大材料，将柱戟周围剔除才能留出戟线，极具仿古铜器的意味。玉鼎口外沿饰一周阴刻回纹，颈部浅浮雕一周蝉纹，腹部两面以云雷纹作地，上刻浅浮雕饕餮纹。饕餮纹是商周青铜鼎上最具魅力的装饰纹样，在神话传说中，饕餮是龙的第五子，是一种贪吃的神秘怪兽。《吕氏春秋·先识览》中载："周鼎著饕餮，有首无身，食人未咽，害及其身，以言报更也。"其形象特点是"以鼻梁为中线，左右两边对称分布，在头上有着一对犄角，角下是巨目大口，恐怖威严，既夸张又神秘"。具有神秘力量的饕餮纹青铜鼎属于庙堂之器，并非普通民众所能接触，饕餮纹的使用既有震慑外族部落与奴隶的一面，又有保护本部安全与繁荣昌盛的意义。玉鼎中的饕餮纹以单线勾勒形象，造型严谨而朴实、清新明快、简洁大方。玉鼎底部有"乾隆年制"双行四字款识。此鼎形制较大，规整浑厚，给人以淳朴、凝重之美感，是乾隆年间仿古彝器的典型精品。

77.《殷周青铜器通论》，容庚、张维持，文物出版社 1984 年版。

描金百寿纹碧玉如意（清）

"如意"原属佛教词汇，译自梵语中的"阿那律"，是一种心形手柄佛具。据说，佛教法师讲经时经常手持如意，将经文记在上面，以免遗忘。汉代时，如意随着佛教文化一同传入中国，但其形式和文化内涵均发生了不同程度的变化，这种佛教用具逐渐走向书斋，成为帝王将相、大夫名士用于装点门面的喜爱之物。同时，如意还被佛、道二教作为法器。此时的如意形状基本保持了弯曲回头之状，但是柄端由直状逐渐演变为小灵芝形、云朵形等多种形状且头尾两相呼应，主体呈流线型，柄微曲，造型美观华丽。被人赋予了"回头即如意"的吉祥寓意。后又与中国古代的搔杖相联系，用以搔抓，可如人意，故而得名。到了明末如意更因其特有的雅致，灵芝造型的如意更被赋予吉祥驱邪的涵义，成了崇尚古风文人墨客的文房赏玩佳物。

如意因其名称寄托了人们吉祥寓意的愿望而经久不衰，在清代皇宫贵族的推崇下成为进贡、赏赐、婚配信礼之物，也成为宫殿、书房、暖阁中象征权力和地位的陈设珍玩。每逢帝后生辰及重大庆典，王公大臣将如意作为祈福纳吉的贵重礼品进献给皇室，以取吉祥之意；而皇帝作为御下之策，也会将各种质地的如意赏赐臣子。新皇帝即位、大婚等重要庆典以及除夕、元宵节等节日，皇帝都会手执如意，祈愿国泰民安，五谷丰登，吉祥如意。民间也越来越普遍追捧，逢年过节、寿诞婚假都用如意做礼物，贵重的如意还被用作镇宅之宝。[78]

无论中外古今，健康长寿始终是人类的永恒追求。长寿因不易得，而使人愈加向往。"寿"字虽然只是一个普通的汉字，但却是人们最喜爱的汉字之一，也是中国最多变的异形单字。《汉语大字典》收集单字56000多个，创造了汇集汉字的最高纪录。《中国万寿图谱集注》书法长卷中，展示出13822种不同写法。慈禧书画中因寿字书写流畅，运笔有力，气势恢宏，被后人称为一笔寿。据说四川天全县的书法家罗育珉已收集到2万多个不同的"寿"字，而天津书法家沙驼收藏的不同写法的"寿"字更是有7万多个。"寿"字家族如此庞大实在超出了我们的想象。为了追求各种艺术效果，书画家们创作了形形色色的"寿"字图。就字体而言，甲骨、金文、小篆、隶书、楷书、行书、草书，无体不有。就构形而言，有圆形的、方形的、平面的、立体的，可以说超过了其他任何一个汉字，这是世界上任何一种文字都无法达到的。经过数千年历史文化的积淀与洗练，"寿"字逐渐被图案化、艺术化，变成了一个吉祥的符号。在各种工艺品中汇集各种"寿"字的百寿图、千寿图、万寿图成为一种独特而常见的表现题材。

图中描金百寿纹碧玉如意是光绪三十四年（1908年）十三世赖喇嘛进京朝觐时慈禧送给十三世达赖喇嘛的一件珍贵礼物。如意头部呈祥云形，如意柄部阴刻了一百个描金的小寿字，百字百样，无一雷同。整幅百寿图庄重浑穆、古朴圆润。寿字的周边饰五螭，边缘阴雕一周回纹。柄微拱，其上阴刻填金百寿纹，柄末端浅浮雕一对在水中跳跃的鲢鱼，寓意"连年有余"。柄两侧阴刻规整的回纹，柄背面浅浮雕梅兰菊三友图。此器长61.5厘米，宽7.5厘米，雕琢工整严谨，风格庄重富贵，是清代如意中的上品，现收藏于西藏博物馆。

78.《中国国宝在海外》（下册），杨剑编，中国友谊出版社2010年3月版。

第八章

文献典籍和文房用品

梵文贝叶《八千颂般若波罗蜜多经》（Ⅰ）

第八章

文艺神话和文学作品

梵文贝叶《八千颂般若波罗蜜多经》（11~12世纪）

图 1. 梵文贝叶《八千颂般若波罗蜜多经》（Ⅰ）　　图 2. 梵文贝叶《八千颂般若波罗蜜多经》（Ⅱ）

图 3. 梵文贝叶《八千颂般若波罗蜜多经》彩插图

佛教创立之初，佛经的传承多为师徒口传，直到公元前 1 世纪左右，印度佛教徒用铁笔将经文和注疏刻写在贝多罗树的贝叶上，成为卷帙浩繁的三藏经典，由此印度的佛经也称为贝叶经。此后，贝叶经被引往各地，成为名寺古刹的地位象征，僧人能阅读贝叶原本，则显示其佛学修养非同一般。宋朝苏易简撰写的《重修西京白马寺记》中记载："东逾涨海，扬帆颁贝叶之书；西洎流沙，刻石记金刚之座。"白马驮来的佛教经卷就是印度的贝叶经。据史载，贝叶经最早传入西藏是在拉托托日年赞时代，但因为没人看懂，所以被称为"念波桑瓦",即神秘的书,直到7世纪它被吞弥·桑布扎翻译成藏文后,才解除了赞普的疑惑。据史料记载,吞弥·桑布扎在天竺学习文字创制,返回西藏时就带回21部贝叶经。

随着佛教的传播,公元7世纪,贝叶经大量传入西藏。由于气候干燥等原因,被完整地保存下来。西藏现存梵文贝叶经5万多叶(页),绝大部分是8世纪到14世纪的梵文写本,稍早的可以推到7世纪以前,最晚的也在17世纪左右。根据贝叶经写本的内容、特点、注释资料及梵藏译经活动大背景考定推测,西藏现存贝叶经其内容主要涉及佛教哲学、伦理学、逻辑学、语言学、诗学、词藻学、文学,同时也包括医学和天文学等自然科学方面的内容,基本上涵盖了藏民族传统的"文化十明"即"大小五明"。纵观当今世界上收藏保存梵文贝叶经写本的情况来看,现珍藏于西藏自治区的梵文贝叶经种类繁多、内容广泛、数量可观、品质精良、保存良好、独具特色。贝叶已经被定为国家一级文物,其中有不少属孤本、善本、珍本类品,极为珍贵。[79]

佛教的《大藏经》,以其精深的思想,睿智的哲理,在世界宗教中独树一帜。《八千颂般若波罗蜜多经》为《甘珠尔》百部经卷之一部,它是大乘佛教的主要经典,主要内容是关于般若波罗蜜多的理论与实践,阐述空性和慈悲,对其后大乘佛教思想的发展,具有深远影响。学术界一般认为,公元前1世纪左右出现的《八千颂般若波罗蜜多经》,是最早的般若经。此后产生的各种般若经,都是在其基础上增广或缩减而成。因此,作为核心经典,《八千颂般若经》的重要性和地位不言而喻。[80]吐蕃时期,敦煌佛经抄写主要集中在《般若经》和《大乘无量寿宗要经》两部佛经上,其中为数最多的是《般若经》。由于《般若经》是吐蕃官方组织抄写的,所以也称"官经"。

79.《西藏5万多叶(页)贝叶经完成编目工作》,边巴次仁著,朱庆翔译,《中国民族报》2011年8月30日第5版。
80.《略谈八千颂般若经历代汉译本的特点——从梵汉对勘谈起》,党素萍,《南亚研究》2010年第3期。

在印度《贝密传》中说，"能见贝叶经一片即结了佛缘，能拥藏贝叶经一叶者即结万缘、福满楼、功德无量万运通"。后世信徒一直将贝叶经作为十分珍贵、神圣的法舍利供奉。

贝叶经的制作必须经过特殊的处理打磨工序才开始刻写，图中所展示的这两部现珍藏于西藏博物馆的《八千颂般若波罗蜜多经》，不仅制作精美、书写工整，彩绘的插图也是依然艳丽，页面更是平整如新。在贝叶经传播的同时，社会上还流传贝叶画，被视为佛教绘画的珍品。插图内容在有限版面的方寸之间得到全部的展示，从中可以看出绘制插图的人对经文内容同样是熟记于心的，否则不可能如此游刃有余。

金汁书写典籍《时轮根本续》（15~16世纪）

图 1. 金汁书写典籍《时轮根本续》封面及首页

图 2. 金汁书写典籍《时轮根本续》彩插图

《时轮根本续》是金刚乘最为重要的经典，它提出了天地大宇宙和人体小宇宙的结构、对应关系等。关于它的形成有两种说法，一是佛祖释迦牟尼涅槃前一个月，曾向月贤王讲授此经，月贤王回到香巴拉后整理而成；二是《时轮根本续》是第八代香巴拉王根据《时轮根本续广释》编辑而成。作为密教的最后一部经书，《时轮根本续》代表了密教的最高思想，《时轮根本续》共五章，全经内容以诗颂体呈现。第一章详细介绍了天地大宇宙和人体小宇宙的结构和构成要素；第二章讲述人体的生理机能、胚胎发育、病理病因和疗病方法；第三章讲灌顶的类别、方法等；第四章讲修行的目的是引发智慧，如何修行、用什么方法修行是此章所讲的主要内容；第五章介绍内外时轮结合，即方便与智慧合修所要证达的乐空无二的"俱生乐"境界。[81]

《时轮根本续》把人体比喻成小宇宙，把天地构成的宇宙比喻为大宇宙，通过一定的修行将大小宇宙合二为一从而达到终极境界。佛教认为，大宇宙是由地、水、火、风、空、识六大元素构成。其中，前五大元素是物质的，第六种元素"识"是精神的，也指人的心识或意识，六大元素合在一起就是物质和精神的统一。人作为一个小宇宙，是可以通过瑜伽对气（包括呼吸系统和消化系统）、脉（经络，包括淋巴系统和神经系统）、明点（内分泌物，包括血液和循环系统的知识）的修炼，把意识高度集中起来，从而控制生命气息使佛性显现，实现两个宇宙合二为一。

蓝靛纸藏语称"汀秀"，是用多层藏纸黏合而成，最外层两面均用蓝靛进行染色，最后用光滑的石头进行抛光打磨。蓝靛纸金汁书写工艺始于吐蕃时期。据《巴协》《松赞遗训》（又译《玛尼遗训》)《西藏王臣记》《贤者喜宴》等众多藏文古籍文献资料记载：吐蕃第三十二代赞普松赞干布在迎娶尼泊尔赤尊公主和大唐文成公主时，聘娶信均是书写在靛蓝纸上的。[82]

81.《〈时轮根本略续〉及其宇宙和谐论》，索南才让，《青海民族大学学报》2011年第3期。
82.《藏纸考略》，次旺仁钦，《西藏研究》2002年第1期。

使用贵重金属或宝石研磨成汁来书写在蓝靛纸上的经书，是出于信徒对佛典的虔诚之心。从佛教及古文献史上看，使用如此珍贵而工艺复杂的颜料书写经书，多是用于大部头经卷。11 世纪中叶，大译师仁青桑布在组织修订并补译佛经时，邀请全西藏最著名的书法家，用蓝靛纸和复合纸抄写了几十部经文，并要求卷与卷、部与部的书体一致。13 世纪，萨迦班智达和元帝师八思巴修成萨迦南寺，曾征集全藏有名的书法家和工艺美术家云集萨迦寺，用金汁、银水、朱砂、墨等抄写佛经，完成了由 8 万多部经书组成的浩大工程。可以想象，如果没有僧俗书法家的共同努力，如此大规模的抄经工作是很难完成的。此外，还有一些权贵家族雇请知名书法家、文人学者编抄经籍，以及文化人自己誉写佛典作为私藏。金汁书写的经书其效果既富丽堂皇，又端庄严肃，内容与形式互相映照，彼此争辉，具有极大的珍藏与观赏价值。图中这部 15~16 世纪金汁书写典籍《时轮根本续》，长 68 厘米，宽 12 厘米，经书材质上乘，经文笔酣墨饱，插图丰富艳丽，是西藏博物馆馆藏经书中极为珍贵的一部。

永乐版《甘珠尔》大藏经（1414 年）

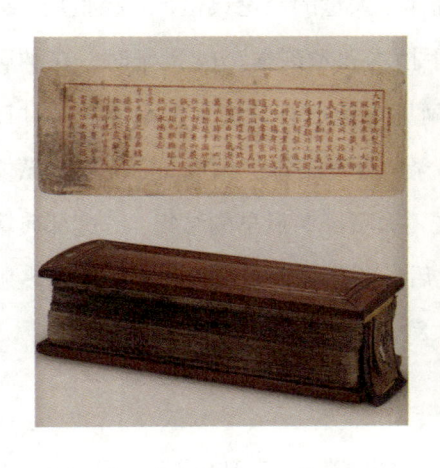

《大藏经》是重要的佛教典籍，是一切经的总称。由经（经藏）、律（律藏）和论（论藏）三部分组成，所以也称"三藏经"或"经藏"，其中经是指佛家修行的理论，律是指佛家遵守的规则，论是指对佛教理论的各家著述，藏是容纳收藏之义。藏文《大藏经》意为一切经的译文，分《甘珠尔》和《丹珠尔》两大部分。《甘珠尔》是对佛语的翻译，也称正藏，包括显密经律，《丹珠尔》是对佛经的注疏论著的翻译，也称祖部，又叫续藏，包括经律的阐释、密宗仪轨以及五明杂著等。

藏传佛教的传播是伴随着译经活动开展的，公元8世纪，赤松德赞时期扶持佛教，大兴佛事，在桑耶寺建立了首座译经院，从印度和尼泊尔请来佛学大师在这里从事大规模的佛教经典翻译活动，并将其初步总集汇编。从佛教前弘期的第一位译师吞弥·桑布扎到后弘期的译师仁青桑布等200多位译师，把梵文、汉文、象雄文、于阗文等经典和论著翻译成了藏文。为避免重复，译师嘎哇贝赛等人把《甘珠尔》和《丹珠尔》收集起来编成《登迦目录》《钦朴目录》《旁塘目录》，这就是藏文《大藏经》早期的三大目录。

13世纪以前，藏文大藏经主要是以手抄本的形式流传。经过前后两个译期，在历代藏王的支持下，由精通佛学修正成就的藏地、印度，以及迦湿弥罗、汉地等处的论师和译师共同努力，翻译了大量的经论典籍，后经整理、编纂，逐渐产生了藏文《大藏经》的各种手抄本和木刻本。14世纪时，在纳唐寺堪布迥丹热赤的主持下，将前后藏和阿里等地所有藏文《大藏经》《甘珠尔》和《丹珠尔》收集在一起，校对、抄录、分类编排汇编成一套完整的藏文《大藏经》，并存放在纳塘寺，这是藏文《大藏经》最早的结集。[83] 这部典籍也叫"纳塘古版"《甘珠尔大藏经》。此后，西藏各地纷纷抄写，形成诸多版本，其中，蔡巴万户出资主持编纂的《大藏经》史称《蔡巴甘珠尔》。

83.《藏文大藏经的版本及其内容》，周润年，《中国西藏》1997年第5期。

永乐版《甘珠尔》是藏传佛教史上第一部刻本大藏经。共有108帙，为朱红印版。明永乐八年（1410年），明成祖朱棣为他去世的妃子徐氏追荐冥福，邀请藏传佛教噶玛噶举派第五世噶玛巴活佛德银协巴赴南京灵谷寺举行宏大的法事活动，事后又被任命为《甘珠尔》刊本总纂，敕令在南京灵谷寺依据蔡巴手抄本《甘珠尔》为底本进行刊刻。据《明实录·太宗实录》记载，永乐十二年（1414年），明成祖把此《甘珠尔》的第一套印刷本赐给五台山菩萨顶真容院，随后又颁赐给藏传佛教格鲁派创始人宗喀巴、噶玛噶举派大宝法王德银协巴、萨迦派大乘法王昆泽思巴和格鲁派大慈法王释迦也失等教派领袖各一套。

拉萨现珍藏永乐版《大藏经》两部，一部在布达拉宫，一部在色拉寺。图中永乐版《甘珠尔》大藏经原藏于萨迦寺，"文化大革命"时移往布达拉宫，应是当年永乐皇帝赐给萨迦派大乘法王昆泽思巴的，其朱砂文清晰可见。

永乐版《大藏经》之后，又重印了"万历版"，此后，还有噶玛噶举派红帽派系第六世活佛曲吉旺秋主持的"丽江版"，扎巴谢珠等主持的"卓尼版"，七世达赖喇嘛主持的"纳唐版"，第二世章嘉活佛为总校阅的"北京版"，格鲁派高僧登巴才仁主持的"德格版"，1934年喜饶嘉措大师主持的"拉萨版"等多种版本问世。投入大量的人力、物力、财力书写或刊刻这些难以计数的《甘珠尔》佛经，其根本不在于以拥有它的数量为贵，而是它对于藏文文法的传承、圣贤论著的校正、梵文典籍译文声律的规定等内容指正划一的历史作用。从佛教上讲，这也是一种圆满因缘的善业。

《青史》（15世纪）

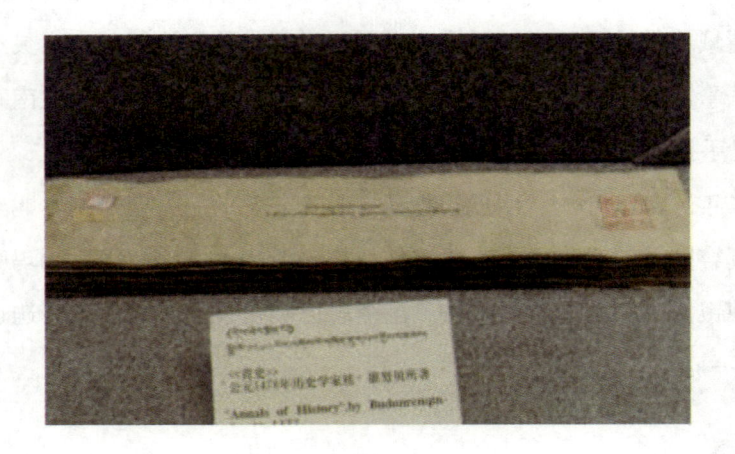

　　《青史》是藏民族重要的史书之一，全书结构宏大，翔实地记述了藏传佛教后弘期佛教传播、教派形成、传承关系、各派名僧、著名寺院、重要经典等内容，主要记载了藏传佛教后弘期随着佛教教派的分立，逐渐形成了以教派为基础众多的政教合一的僧权割据政权，这也对之后藏族社会的发展产生了深远和巨大的影响，是一部9世纪中叶至15世纪后半期的西藏佛教史。

　　《青史》的作者是藏传佛教噶举派著名僧人廓诺·讯鲁伯（1392~1481年）。廓是其族姓，廓诺意为廓译师，他是元代藏族著名的译师，生于后藏达纳普地方，曾前往尼泊尔和印度，在许多班智达座前听受教法，成为最善巧通达者。[84] 廓诺·讯鲁伯精通教法，深研经说，学识渊博，对各教派的经义及传承关系了如指掌。他的记叙颇得其真蕴，毫无隔膜之感，堪称藏文典籍的上乘之作，对后世藏文文献曾产生过重大影响。本世纪以来，《青史》一直被推崇为研究藏族史和藏传佛教史的信实资料，受到藏学研究者的重视。国内外一些学者甚至将其书与《王统世系明鉴》和《布敦佛教史》合称为藏文三大典籍。

84.《青史》，廓诺·讯鲁伯著，郭和卿译，西藏人民出版社1985年版。

13世纪中叶，西藏正式纳入元朝版图。元朝政府尤崇佛教，扶持萨迦派统领西藏，使西藏社会结束了分裂割据的历史，步入统一稳定时期，藏文化也由此得到进一步发展。14世纪中叶，元朝走向衰亡之际，噶举派帕木竹巴崛起于泽当，代替萨迦，统治西藏。这一时期，藏族文化经过自身长期的发展，已经达到相对成熟的阶段，开始从中原及周边民族吸收到新的多样性文化思想与内容，同时，向中原传播独具特色的藏族文化。经相互吸收、共同发展，使原来比较单一的藏族宗教文化，获得了新的养分。在这种情况下，藏族历史文献的发展同样也很迅速，许多教派的首领和佛教史学家纷纷撰述教法史、王臣史，特别是中原的印刷术传入西藏后，把藏族文化事业推向了高峰。而当时文化事业几乎被寺院僧侣所垄断，凡是较大规模的印刷机构都掌握在上层僧人手中，廓诺·讯鲁伯作为噶举派的上层高僧，在《青史》的编纂和出版方面都占据有利条件。

14世纪中叶元朝灭亡，使西藏萨迦派在政治及宗教地位上失去了往昔的辉煌，噶玛噶举派正式崛起，噶举各派开始纷纷著书立说，传达教义，树立典范，廓诺·讯鲁伯的《青史》正是在这样的背景下创作而成的。

噶玛噶举派作为藏传佛教中采取活佛转世最早且传承最久的一派，曾先后建立了若干个活佛转世系统，其中最著名的是黑帽系和红帽系。红帽系第十世活佛确朱嘉措（六世班禅的同母异父兄）因分惠不到乾隆皇帝及王公大臣馈赠给已故六世班禅的遗产而唆使廓尔喀（尼泊尔）军队两次入侵西藏，并掠走历世班禅驻锡地扎什伦布寺大量财物。乾隆皇帝命福康安率兵进藏讨伐，廓尔喀王乞降，红帽系十世活佛畏罪自杀，从此红帽系活佛转世断绝。当时拉萨羊八井寺（建于1490年）作为红帽系的主寺也被查抄，其僧徒改宗格鲁派，物资充公，在这些充公的物资中，有一部15世纪手抄《青史》藏文原版，转归拉萨功德林寺。"文化大革命"期间，该书由功德林寺转入布达拉宫，后又转入西藏博物馆收藏，图中所见，正是此书。

桑布扎（清）

图 1. 嵌象牙桑布扎　　　　图 2. 彩绘桑布扎

现行藏文是一种拼音文字，由4个母音字和30个子音字组成。公元7世纪，吐蕃第三十三代赞普松赞干布从朝政治理的长远发展考虑，派御前大臣之子吞弥·桑布扎等16位臣子携带一升的金沙及金钵到印度去学习文字。吞弥·桑布扎依梵文为蓝本，又学习了西域各国先进语言文字，在此基础上创造了藏文。

学成归来的吞弥·桑布扎，为松赞干布读了先祖传下来的年波桑瓦，即《宝箧经咒》《百拜忏悔经》《十善法经嘛呢陀罗尼咒》等佛经典籍。松赞干布决定同吞弥·桑布扎一起在玛汝宫内闭关4年，学习文字及声明学。授课期间，吞弥·桑布扎使用藏文进行最早翻译了《观世音二十一种显密法门》等佛学典籍，创造出了藏文楷书和草书等书法，厘定了藏文书法的规范和统一。又将从印度迎请回来的《宝云经》等经典译成藏文。这是吐蕃最早翻译的佛经。为了向治下臣民推广教法和文字，国王最先用吐蕃文字写了觉卧菩萨主从三尊颂。

随着藏文的出现，西藏教育也逐渐改变了传统的口耳相传教授方式，开启了文字教育史。纵观西藏历史，藏文的记录与书写载体有过多种形式，每一种书写载体，在不同时期、不同地区都有着各自的使用特点。比如，贝叶经、桦树皮一般记录佛经；兽骨多为卜辞；木简主要用于军事系统；碑铭石刻则普遍用于结盟；纸张的使用则是抄写佛经、做纸钞、记录公文档案等。源于产量少、材料贵的原因用于日常习字则少，作为练习藏文书写的常用载体就是书写板了。关于写字板的使用起源时间，暂时没有找到确切年代的记载。不过，13世纪雕版印刷术传入藏区后，西藏便开启了木刻印刷经文的历史。

印经院的木刻印版多数用木质坚硬的桦木制成，板头有一手柄，两面均雕刻有十分工整的藏文正楷字体。这些板子，久藏不朽，久印不损，光洁耀目。印版的规格均根据佛教刻经量度而确定，一般长印版每块长110多厘米，宽70多厘米，厚均3厘米；中等印版每块长60多厘米，宽10多厘米，厚约3厘米；短印版每块长40多厘米，宽10多厘米，厚约3厘米。如果拿写字板与印经板材质、厚度、长宽尺寸比例比较，有很多相近的地方。或许，写字板也是在这个时期开始被推广使用的。

练写藏文，讲究循序渐进、先正后草，由大到小、分笔画练习。图1是西藏传统中常见的写字载体，也是练习藏文的专用写字板。使用时，写字板表面涂黑漆，书写时表面涂少许的酥油，再打上横格，然后撒上糌粑粉或面粉或草木灰之类，随即抖去，如此即可书写。按照私塾的规定，刚入门的初学者必须在木质的写字板上写字，对写字板的大小没有严格的规定，有的家庭希望孩子多写几个字，可能会备一块相对长一点的写字板，但这在孩子那里是不受欢迎的。因为老师布置作业是以书写的行数来批改，持有较长写字板的学生势必要写更多的字才能完成作业，为此他会感到愤愤不平，有的学生干脆会把写字板锯短。在纸上写字有严格的规矩，所用纸张是一种叫"雪孝"的薄劣藏纸，被戏称"鼻涕纸"，书写稍有不慎可能捅破纸张。再到一定的时候，老师会安排学生在藏纸的正反两面书写藏文。通过木板书写（用力）——单面纸张写（提笔）——双面纸张写（再提笔）这样一个过程，学生的字就会越写越好。[85]

85.《论近代西藏私塾教育》，索穷，《中国藏学》2011年第4期。

私塾生写字都是在专用的写字板上书写练习，不但节约纸张、保护环境，而且能使书法的底子打得扎实牢靠，这如同练习汉文书法必须使用毛笔，这是长期经验积累形成的规律。木板上写字还有助于保护学生视力。传统私塾为什么要在学写书法上耗去三四年的时间，实际上，私塾的书法课不但教人写字，它实际上也是一种品行教化，教你坐得住，坐得稳，培养一种为人做事严谨、细致的态度。当然，这也是在培养学生耐力和扎实的基本功。[86]在学校的管理中，还制定根据书法进度递进的学级制度。即"粗仁"（长行书）班、"粗通"（短行书）班、"粗玛秋"（行草书）班和"秋益"（草书）班等四个学级。[87]由此可见，藏文习字的严谨性。

图1和图2是桑布扎，一般用于习字、打草稿、绘草图、演算，甚至可以作为书礼送人。因功用多，携带方便，一般制作较精致。

《四部医典》（18~19世纪）

公元645年，文成公主进藏时，带来的汉族医学典籍与医疗器械中，有四百零四种治病医方，五种诊断法，六种医疗器械，四种医学论著。公元710

86.《论近代西藏私塾教育》，索穷，《中国藏学》2011年第4期。
87.《藏文书法艺术初探》，斯洛，《青海民族学院学报》1991年第4期。

年，金城公主进藏时，又带来了各种工技书籍，其中有大批医药书籍。后来，经过汉地医生和藏族译师的共同努力编写出《月王药诊》，这是现存最早的一部藏医药学文献。

公元 8 世纪中叶，藏王赤松德赞执政。他十分重视医学发展，先后聘请汉地医生东松岗哇、天竺的先狄嘎巴、大食的哈拉先第、尼婆罗的达玛希拉、克什米尔的古雅巴扎以及唐朝高僧敬虚、僧能等九位名医进藏诊病并开展医药教学。他们编著了包括生理解剖、各种病症诊治、草药配方、治疗技术等内容的医书，赤松德赞甚为重视，将其译为藏文，并合编成《紫色王室保健经函》予以珍藏。随后，这些名医陆续返回到各自家乡。不久，藏王赤松德赞患病，再次礼聘九名医入藏，但只有唐朝东松岗哇应聘，东松岗哇不仅很快治好了藏王的病，还献给藏王一部医著《白色医疗指路明灯》，藏王大喜，赐号塔西·东松岗哇，意为他的医术是"四方各界"的佼佼者，并赐予山南地区两个庄园，东松岗哇就此留在西藏，也成为塔西家族的始祖。赤松德赞十分重视东松岗哇，为使他的医术广为传播、后继有人，他从西藏各地挑选来九位优秀青年跟随东松岗哇学习，他们后来均成为有名的古代藏医，其中来自西藏堆龙的宇妥·云丹贡布最为出类拔萃。宇妥·云丹贡布拜东松岗哇为师，向他学习各种医术。这位藏族医圣，并不满足于仅对《月王药诊》等从内地所译书类的研读。[88] 据《中国少数民族历史人物志》记述，宇妥·云丹贡布不辞劳苦，长途跋涉到西藏山南、四川康定等地广泛总结西藏民间医学经验，又远赴五台山等地学习汉医典籍和先进技术。[89] 通过 20 多年的实践和潜心研究，他终于在公元 8 世纪末著成《四部医典》。

问世于公元 8 世纪的《四部医典》是一部理论与实践相结合的藏族医学巨著，该部医学典籍结构宏大，共有四部 156 章，详细论述了藏医学的基础理论、

88.《〈四部医典〉——藏医药的奠基经典》，辛达，《科技潮》1999 年第 2 期。
89.《藏族医圣宇妥·云丹贡布宁玛及其藏医学巨著〈四部医典〉》，苏超尘，《西南民族大学学报（人文社科版）》1985 年第 1 期。

生理、病理、诊断、治疗、人体解剖、药性、病因、症状、方剂等内容，这些理论经过历代藏医药学家的不断补充和提高，已成为现在藏医药学的理论基础。据载，《四部医典》著成后，宇妥·云丹贡布并没有将它面世，而是作为"伏藏"（伏藏就是把珍贵的东西埋起来，待时机成熟或遇到有缘人时再次被发掘出来）埋在了山南桑耶寺乌孜经堂的瓶形段柱内。直到公元1012年，被掘藏大师扎巴翁西发现，才使这部沉睡了200多年的医著再度问世，并传到宇妥·云丹贡布的第13代后裔宇妥·萨玛手中，他被称为小宇妥·云丹贡布。小宇妥·云丹贡布对《四部医典》做了修订、整理和补充而形传世版本。图中《四部医典》长89厘米，宽8厘米，是18~19世纪的手抄本，现藏于西藏博物馆。

《菩提道炬论》（15~16世纪）

9世纪中叶，西藏第四十二代赞普朗达玛因发动灭佛运动被刺杀。当时，吐蕃社会出现了剧烈的动荡，吐蕃王朝政权在王位争夺和几次大规模的奴隶起义中瓦解。各种纷乱与征战使得生灵涂炭、民不聊生，颠沛流离生活中的人们为逃避现实苦难或祈求神灵的保护，纷纷转向宗教求援，既有求援于苯教的，也有求援于佛教的。社会的动荡与变革，客观上促进了佛教在藏族地区的传播和发展。当时有不少人奔赴印度等地求取佛法，学成后返藏传法，

这便是藏族社会佛教后弘期的开始。

　　7世纪传入吐蕃的佛教理论以显宗为主，8世纪中叶，开始由莲花生、无垢友等印度高僧将佛教密宗带入吐蕃，由于显密之间本身存在矛盾，再加上苯教的冲突抵制，密宗并没有在吐蕃时代得到广泛传播。源于苯教世代的影响及佛苯之争，藏民族对佛教教义的接受也是有限的。朗达玛灭佛运动时，摧毁了依寺庙为道场的显宗，而密宗因其特殊、隐蔽的传承方式反而被保留了下来，并在后弘期初期开始逐渐兴盛。10世纪求法学成归来的大译师仁青桑布翻译了大量的佛经，尤以密宗为主，促进了密宗在藏区的盛行，把密宗提高到了与显宗并重的高度。

　　尽管如此，吐蕃的佛教界仍是乱象丛生，除显密之争外，传法僧人亦是鱼龙混杂，有许多僧人从印度来到藏区，这些印度僧人中既有对佛法精通的，也有对佛法一知半解却冒充大师的，而吐蕃本地的不少僧人在朗达玛灭佛时已经被迫还俗，当时的佛教大师极少。很多的僧人及崇尚佛教的民众，要想学习佛法却得不到上师的指导，只好"依靠经书和文字的注释"去认识和理解佛教教义。由于每个人的文化生活背景不尽相同，学佛的人可以任意对佛法做出自己的解释，导致人们在对佛法的理解上严重不一致，而在修习的次第上也是各执己见，以致没有可以共同遵循的佛法准则。重显轻密的僧人认为密宗不一定是佛教的正统传承，重密轻显者则认为从显宗学佛比登天还难，因此尊重密法，只按密教经典行事。有的僧人打着尊重密法的旗号，对佛教密法任意解读，甚至任意杜撰。他们轻视佛教戒律及伦理规范，以密法为名，滥杀牲畜，蹂躏妇女。在修持方面，有许多人还热衷于"炼尸成金"等邪术，一些人甚至宣称只靠性空就能证得涅槃。佛教界混乱不堪，令人担忧。古格王喇嘛益希沃派译师嘉尊追森格献上大量黄金，邀请当时印度著名佛学大师阿底峡到西藏，未能成功。喇嘛益希沃没有灰心，到处搜寻黄金，结果被信奉外道的边地国王抓住，投入监牢，在火烧命门等酷刑下死去。根据喇嘛益希沃的遗言，他的侄子绛曲沃又派译师楚臣杰波邀请阿底峡，印度国王和支噶玛拉西拉寺的堪布、僧人同意让阿底峡去西藏三年。阿底峡尊者在59岁时，值藏历第一饶迥铁龙年（1040年）经尼泊尔到达阿里。他针对当时藏族地区的传法在戒律和密宗方面都没有一定准则，甚至不修密法，只靠性空就能达到涅槃的倾向以及密法中出现的邪行淫乱行径等情况，写了《菩提道炬论》一书。全书言简意赅，以简单明朗的语言将佛法做出了系统的概括，提出了一整套理论，一方面把密宗提升到佛学理论的高度，另一方面讲说了从学法到成佛的修习内容和阶段，强调学法的基础是戒律，主张戒、定、慧三学并重，修行循序渐进，先显后密。这种采取综合而有序的方法指导弟子学法修行的规范，逐渐改变了原来重修行轻理论、注重世俗生活而不守戒律的现象。[90]

在当时有了"只要完全掌握了《菩提道炬论》这部书，所有佛法之三藏都会迎刃而解"之说。此书在藏区佛教后弘期还处于分散乱杂情形时，提出了一个对整个佛教的系统看法，不仅促成了佛教与民间更加紧密的结合，也为藏区佛教徒确立了以实修为主的精神，更为噶当派的形成提供了坚实的理论基础。该论的提出及其流传对西藏佛教产生了极其深远的影响。论中所阐述的修学次第被藏传佛教后弘期的诸多大师所吸收。[91]阿底峡尊者在古格传法三年后，又应仲敦巴的邀请前往卫藏地区传法，先后到过桑耶寺、拉萨、叶巴、澎城、聂塘等地，共计在藏17年，1054年在聂塘圆寂。在藏传佛教史上，阿底峡到达卫藏传法被认作佛教复兴的势力从阿里进入卫藏的一个标志。

图中《菩提道炬论》长48.3厘米，宽9厘米，是15~16世纪朱匝体手抄本，现珍藏于西藏博物馆。

90.《藏族伦理思想史略》，余仕麟，民族出版社2015年6月版。
91.《略论〈菩提道炬论〉涉及的相关问题及其对西藏佛教的影响》，萨尔吉，《中国藏学》2006年第1期。

藏纸（20 世纪）

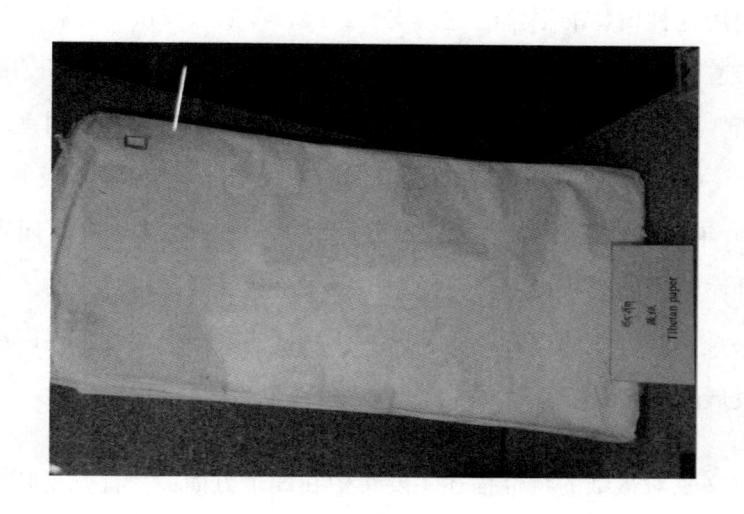

造纸术作为中国古代四大发明之一，无疑是人类文明史上最杰出的成就。作为一种文化载体，纸的发明与应用对社会历史的记载与保存，对文化思想的交流与传播，发挥了重要的作用。

在造纸术还没有传入吐蕃之前，西藏曾经使用过树皮、石片、牛羊胛骨、木板、竹片、羊皮等作为书写载体。据《旧唐书》记载："吐蕃因请蚕种及造酒、碾、硙、纸、墨之匠，并许焉。"这是目前能看到的造纸术传入西藏的最早记述。[92] 中原造纸术虽然传入了西藏，但是西藏的传统书写工具是竹笔，显然中原纸张柔软的特点并不适应西藏的使用要求，又因西藏缺少中原造纸所使用的竹子、麦草、蔗渣、芦苇、棉花和各类麻等原材料，这就不得不使人们重新探索造纸的原料及工艺。在藏汉工匠的共同努力下，经过 9 年的实践与探索，西藏不仅找到了瑞香狼毒作为造纸原料，其生产工艺也在中原纸张生产工艺的基础上形成了具有区域特色的"浇造法"工艺。

狼毒，别名瑞香狼毒、断肠草，属瑞香科根颈型多年生草本植物，是一

92.《藏纸考略》，次旺仁钦，《西藏研究》2002 年第 1 期。

种根系发达的草地生长有毒植物，辽阔的西藏草原上有不少地区生长。吐蕃时期，使用这种植物的根茎经过去皮、剉捣、蒸煮、浸洗、捣料、打浆、抄造等数十道工序，并采用"浇造法"制造出的藏纸具有"纤维细长、韧性好、抗压耐折"等特点。藏纸的原料选材及工艺也充分体现了因地制宜的智慧和创造性。《中华造纸2000年》（杨润平著，人民出版社1977年版）一书说："吐蕃650年开始生产纸张。"可见，藏纸生产与藏文创制时间处于同一时期。据载，西藏造出的第一批纸张，便用于抄写了从梵文翻译过来的《宝箧经》和《马头金刚修行法》。佛经的翻译、抄写是造纸技术在吐蕃得以迅速普及和快速发展的重要因素。

现有文献对藏纸的特性描述主要集中在四个方面："首先是防虫蛀，因主要原料狼毒草有毒，用这种藏纸印的书籍，长期不翻动，也不会被虫蛀；其次是吸墨性很强，永不褪色；再次是重量轻、韧性好、不干裂，大约只有相同体积宣纸一半的重量；最后是低白度，略略泛黄，看书时不刺眼，不伤眼睛。"[93] "藏纸作为纸品中的独特品种，以它纸质轻柔，纤维细长，抗压耐折，尤其是尼木的毒纸具有耐腐防蛀防鼠，保存期长的特点，被誉为写印馆藏文献资料的极品。"[94] "为中国造纸术的传播做出了特殊贡献……吐蕃生产的蕃纸坚韧厚实、耐拉抗蛀，于纸中独树一帜。"[95] 这些都是对藏纸特性典型的描述，客观地评价了藏纸的优良品质。

保护和积累人类文化的古籍文献，是增进文献信息交流，促进科学技术进步发展，保障全球信息资源共享的重要手段。在内地古籍文献的收藏和保护，已经成为很棘手的问题，由于地理、气候等条件的限制，使古籍文献变黄、变脆，损坏速度日益加速。藏纸因其原料配方特殊，原料富含纤维、具有毒

93.《狼毒藏纸与草原有毒植物资源化》，李海朝、孙慧珍、徐贵钰，《西藏大学学报》2009年第1期。
94.《浅析传统藏纸生产工艺及开发前景》，索朗仁青、齐美多吉，《西藏大学学报》1996年第1期。
95.《藏纸考略》，次旺仁钦，《西藏研究》2002年第1期。

性，才使得藏纸具有防虫蛀鼠咬、不腐烂、不变色、不易撕破、叠后不留折痕、久藏不坏、质地坚韧等诸多优点。使得西藏大量的早期文献典籍能够完好地保存下来，保存文献数量仅次于汉文，居我国各族文字史料第二位。

藏纸的诸多优点世人皆知，但传统作坊式制作成本较大。再有，西藏生态环境脆弱，瑞香狼毒等原材料再生性差，根本不能完全满足用纸市场的需求。物资交流日益便捷的当下，西藏传统书写载体也日益现代化，更多的办公用纸、学生用纸、经书抄写和印刷用纸逐渐被现代工艺纸张所替代，藏纸悄然地退出了原来的使用领域，少量的生产也已向纸艺工艺品发展。

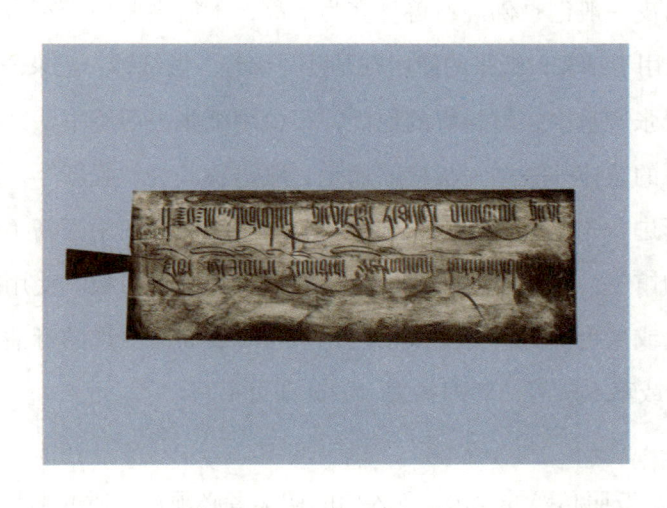

强新（清）

现行藏文是一种拼音文字，由4个母音字和30个子音字组成。公元7世纪，吐蕃第三十三代赞普松赞干布从朝政治理的长远发展考虑，派御前大臣吞弥·桑布扎等十六位臣子携带一升的金沙及金钵到印度去学习文字，吞弥·桑布扎依梵文为蓝本，又在学习了西域各国先进语言文字的基础上创制了古藏文。

据史书记载，学成归来的吞弥·桑布扎，为松赞干布读了先祖传下来的年波桑瓦，即《宝箧经咒》《百拜忏悔经》《十善法经嘛呢陀罗尼咒》等佛经典籍，随即松赞干布决定同吞弥·桑布扎一起在玛汝宫内闭关四年，学习文字及声明学（佛教自印度传入西藏以后，历代译师将浩瀚的印度佛教经典分类为十明，即大五明：工巧明、医方明、声明、因明和内明；小五明：修辞学、辞藻学、韵律学、戏剧学和星象学。其中，声明学即梵文语言学）。授课期间，吞弥·桑布扎最早使用藏文翻译了《观世音二十一种显密法门》等佛学典籍，创造出了藏文楷书和草书等书法，厘定了藏文书法的统一规范，又将从印度迎请回来的《宝云经》等经典译成藏文。这是吐蕃最早翻译的佛经。

随着藏文的出现，西藏教育也逐渐改变了传统的口耳相传的教授方式，开启了文字教育史。纵观西藏历史，藏文的记录与书写载体有过多种形式，每一种书写载体，在不同时期、不同地区都有着各自的使用特点。比如，贝叶经、桦树皮一般记录佛经；兽骨多为卜辞；木简主要用于军事系统；碑铭石刻则普遍用于结盟；纸张的使用则是抄写佛经、做纸钞、记录公文档案等。历史上因纸张产量少、材料贵的原因，很少用纸张去习练书法，由此作为练习藏文书写的载体——书写板应需而生，藏语称其为"强新"。练习藏文，讲究循序渐进、先正后草，由大到小、分笔画练习。图中强新（清代，现藏于西藏博物馆），就是西藏传统中常见的藏文习字书写板。使用时，书写板表面涂黑色或灰色油漆，打上横格线，书写时表面涂少许的酥油，然后撒上糌粑或面粉或草木灰等，随即抖去，如此即可书写。

传统上，按照私塾的规定，刚入门的初学者必须在木质的书写板上写字，这种方法一般在私塾中持续3~4年的时间，以让学生打下坚实的藏文书写基础；同时，在书写板上练习书法，也是一种对学生品行磨炼的方法，能够培养学生做事严谨、细致、认真的习惯。

竹笔和墨瓶

图1. 竹笔　　　　图2. 玛瑙笔帽（18世纪）　　图3. 铜质墨水瓶（19世纪）

竹笔、墨汁、藏纸和墨瓶是藏民族传统的藏文书写工具。

关于藏族最早使用竹笔的说法没有定论，主要有以下两种：一是据史料记载，吐蕃早期吞弥·桑布扎在创制藏文后翻译佛经用的就是竹笔；二是在建于8世纪西藏第一座佛法僧俱全的寺庙桑耶寺的壁画中，绘制有佛经译师用竹笔进行书写的内容，因桑耶寺壁画大多具有纪实性的特点，由此可以推断出，藏族最早使用竹笔的时间应不晚于8世纪。此外，《卫藏识略》有关记载中也有藏族使用竹笔的习俗最早是仿印度的说法。

竹笔具有吸水性强、书写流畅等特点，自行削制偏左或偏右的斜尖可以使书写者尽情地表现藏文这种硬笔书法的艺术魅力。竹笔价值高低、名贵与否，除了取决于竹子的产地外，还取决于竹笔笔帽的装饰原料，旧时侯，一些贵族文人，使用的竹笔笔帽，大多数是用金、银、玛瑙等贵重材料镶嵌而成，极尽奢华。图2为玛瑙笔帽，现藏于西藏博物馆，制成于18世纪。竹笔有的也有套杆装饰，套杆的材质种类繁多，主要有陶瓷、景泰蓝、玉石、金银等。西藏的竹笔，以产于察隅、林芝两地的"普丝笔"（在西藏，传统上称察隅、林芝两地产笔为"普丝笔"，"普"是藏语中西藏的音译，"丝笔"是藏语中竹笔的音译，"普丝笔"即为西藏竹笔）最多也最好。

作为佛教传播媒介物的经卷，书写者和念诵者出于佛教信仰的原因，都对经卷书法的美观有着强烈的要求，同时这也体现了佛教文化的庄严。所以，如同寺院和佛像的装饰需带有庄严和神秘的色彩一样，这些讲述教理的经文，其字体也一定要写得漂亮。

藏族学者十分看重竹笔，认为它是文殊菩萨"智慧之剑"的象征。制笔分选竹、加工、削笔三道工序，选竹以旧的毛竹、皮色杏黄、无裂纹斑疤、质地柔坚为优。每笔要有"节"，有"节"则为吉利，专书人间正义、智慧和美好，反之则为不吉利，是鞭挞和诅咒人间邪恶的。选竹后即行加工，或架于屋梁烟熏，或油煎竹体，色译油亮。削笔时，备锋利小刀一把，然后根据书写需要——字体和大小，削出各种笔来，一体一笔。削笔是一种技艺，善书者，必须是善削笔者，书写之微妙首先在于削笔，尤其是藏族书法更需要削好笔。另外也有以鹫翎为笔的，但藏族视鸟为神，故不易得。[96]

藏文书法对用墨也有特殊的讲究，一般用木炭、烟炱（[tái]，同"灰"）、酥油灯燃后的灯花、黑矿石之类的材料进行自制，但更多者采用内地名墨。其墨或研成汁后灌于墨盒，或将墨直接浸泡于墨盒。藏族学者还常在墨盒中加少许冰糖以求光泽，加少许爵香以防腐并使气味芳香。[97]检验藏墨的优劣，可以用指甲在结块的墨上按一下，墨上有印痕而指甲无墨汁者为上品，否则是劣品。由于用竹笔写字，所以只用墨盒而很少用砚台。

墨瓶是西藏书写藏文必备的"文房四宝"之一。历史上寺院的高僧大德、僧俗官员、贵族子弟多爱使用玉墨瓶、银墨瓶，有的墨瓶还镶嵌金银及玛瑙等各种宝石作为高级装饰，富丽高雅，可供欣赏，可供珍藏。而一般人员则用铜墨瓶、铁墨瓶、竹墨瓶或者木墨瓶，甚至是一般的盘子或墨汁瓶等。墨瓶的材质，也是衡量使用者身份的重要标志。另外，还有一种小巧玲珑的指墨瓶，使用时可以戴在右手拇指上，以便于沾用。图3的铜质墨水瓶，现藏于西藏博物馆，制成于19世纪。

96.《藏族的姓名和文房四宝》，古木，《青海民族学院学报》1984年第4期。
97. 同上。